재정 압박을 끝내는
열 단계 행동지침

Ten Steps to END FINANCIAL PRESSURES

빌 가써드 박사 지음
BILL GOTHARD, PH.D.

재정 압박을 끝내는 열 단계 행동지침
빌 가써드 박사 지음
저작권 ⓒ2012 아이비엘피코리아(IBLP-Korea)
2012년 4월 30일 초판 1쇄 발행
펴낸이 아이비엘피코리아
홈페이지 www.kr.iblp.org
이메일 office@kr.iblp.org
등록 2007.11.12 제 60호
ISBN 978-89-94905-13-6 13320
저작권자의 서면 허락 없이 이 책의 일부 또는 전부를 복사하거나
재생할 수 없습니다.
정가 5,000원
이 책의 성경구절은 그리스도예수안에 출판사(www.keepbible.com)에서
발행한 킹제임스 흠정역 성경을 사용하였습니다.
잘못된 책은 바꾸어 드립니다.

Ten Steps to End Financial Pressures
ⓒ2011 Institute in Basic Life Principles, Inc. All rights reserved.
Bible images from Bible Pictures, courtesy of www.SolveFamilyProblems.com
Printed in Korea

성공적인 공급자(생계부양자)가 되는
열 단계 행동지침

1. 모든 자원을 하나님의 통제 아래에 둔다 ······················ 5
   "네가 가진 것 중에 받지 아니한 것이 무엇이냐?"

2. 돈으로 씨 뿌리는 자가 된다 ································· 9
   "풍성하게 뿌리는 자는 또한 풍성하게 거두리라"

3. 재물을 잃게 만드는 열 가지 원인을 제거한다 ··············· 17
   "네가 주 네 하나님의 음성에 귀를 기울이지 아니하느니라"

4. 성공하는 사업을 어떻게 시작하는지 배운다 ················· 27
   "너희 중에 누구든지 가장 으뜸이 되고자 하는 자는 모든 사람의 종이 되어야 할지니라"

5. 'Win-Win' 협상 기술을 개발한다 ························· 29
   "아무도 자기 것을 구하지 말라"

6. 시간과 돈으로 근검절약을 실천한다 ························ 31
   "부지런한 사람의 재산은 귀중하니라"

7. 잡동사니를 현금으로 바꾼다 ······························· 33
   "다른 것들에 대한 정욕이 들어와 말씀을 숨 막히게 하느니라"

8. 더는 빚지지 않는다 ······································· 35
   "서로 사랑하는 것 외에는 누구에게든지 어떤 것도 빚지지 말라"

9. 돈을 사랑하려는 모든 성향을 거부한다 ···················· 41
   "돈을 사랑함이 모든 악의 뿌리이니라"

10. 아내의 말에 귀를 기울인다 ······························· 43
    "내가 그를 위하여 합당한 조력자를 만들리라"

11. 질의응답 ·· 44
    "이들은 …… 날마다 성경 기록들을 탐구했느니라"

왜 모든 신자들이 부유해야 하는가

1. **세상이 하나님을 두려워하게 된다.**
   "하나님께서 우리에게 복을 주시리니 땅의 모든 끝이 그분을 두려워하리로다."(시편 67:7)

2. **신자들이 나눠줄 수 있게 된다.**
   "그가 재물을 흩어 가난한 자들에게 주었으니 그의 의가 영원히 지속되고 그의 뿔이 존귀하게 높여지리로다."(시편 112:9)

3. **사람들이 하나님의 사랑을 보게 된다.**
   "우리 주 예수 그리스도의 은혜를 너희가 알거니와 그분께서 부요하셨으나 너희를 위하여 가난하게 되심은 자신의 가난으로 말미암아 너희를 부요하게 하려 하심이라."(고린도후서 8:9)

4. **우리가 선한 청지기가 될 수 있게 된다.**
   선한 청지기는 두 배를 남겼다. "이에 오 달란트 받은 자는 오 달란트를 더 가지고 와서…… 그의 주인이 그에게 이르되, 잘하였도다. 선하고 신실한 종아……" (마태복음 25:20-21)

5. **우리가 참된 부를 얻을 수 있게 된다.**
   "그러므로 너희가 만일 불의한 맘몬(재물)에 신실하지 아니하면 누가 참된 재물을 너희에게 맡기겠느냐?" (누가복음 16:11)

6. **우리가 하나님의 보호 울타리를 입증할 수 있게 된다.**
   "주께서 그와 그의 집과 그의 모든 소유를 사방에서 울타리로 두르지 아니하셨나이까? 주께서 그의 손이 하는 일에 복을 주시니 그 땅에서 그의 재산이 불어났나이다."(욥기 1:10)

1

모든 자원을 하나님의 통제 아래에 둔다

"……네가 가진 것 중에 받지 아니한 것이 무엇이냐? 이제 네가 그것을 받았을진대 어찌하여 그것을 받지 아니한 것 같이 자랑하느냐?"(고린도전서 4:7)

이것이 바로 성공적인 공급자(생계부양자)가 되는 출발점이다. 하나님은 단지 우리의 재정 상담사나 사업의 동업자가 되시고 싶은 것이 아니다. 하나님은 모든 통제권을 원하신다. 그래야 우리가 모든 지출에 대해 가장 현명한 결정을 내리도록 우리를 이끄시고 우리의 재정을 통해 하나님의 능력을 보여주실 수 있기 때문이다. "내 생각은 너희 생각과 다르며 내 길은 너희 길과 다르니라. 주가 말하노라."(이사야 55:8)

하나님께서 우리의 모든 돈을 통제하고자 하시는 이유는 그래야 우리의 삶이 하나님의 통제를 받게 되고 우리가 풍성한 열매를 거두는 기쁨을 누리며 그것으로 하나님께 영광을 돌릴 수 있기 때문이다.

대부분의 사람들은 시간을 자원으로 생각하지 않지만 사실은 시간이 우리의 가장 값진 자원이기 때문에 매일 많은 도둑들이 이것을 노리고 달려든다.

하나님께 통제권을 드린다는 것은 무슨 뜻인가?

첫째, 하나님께 우리의 자원을 드린다는 것이다. 즉, 시간, 돈, 소유, 에너지, 재정적 기회를 드리는 것이다.

둘째, 우리가 하나님께 드린 것들은 거룩하게 구별된다는 사실을 깨닫는 것이다. 하나님께 드린 것들은 우리의 즐거움이나 개인적 허영심을 위해서가 아니라, 하나님의 목적과 영광을 위해서만 쓰여야 한다.

셋째, 어떤 지출에 대해서도 이제는 우리가 최종 권위를 갖

누구든지 우리의 돈을 통제하는 자가 우리를 통제한다. 누구든지 세상의 모든 돈을 통제하는 자가 세상을 통제한다.

지 않는 것이다. 우리는 모든 지출에 대해 하나님의 승인을 받아야 한다. 이렇게 하면 '쉬지 말고 기도하라'는 명령을 따를 수 있다.(데살로니가전서 5:17)

넷째, 지출하고 나서 막연히 하나님의 평안을 바라기보다 사전에 다음과 같은 중요한 질문을 하는 것이다.
1. 이것이 정말 내게 필요한가?
2. 이것이 반드시 있어야 하는 것인가, 아니면 내가 그냥 갖고 싶은 것인가?
3. 이것이 어떻게 하나님의 나라를 확장시키겠는가?
4. 예수님이라면 어떻게 하시겠는가?
5. 이것에 시간과 돈과 수고를 들일 가치가 있는가?
6. 이것에 투자하면 두 배의 수익을 돌려받겠는가?
7. 이것을 좀 더 저렴하게 얻을 수는 없는가?
8. 성경말씀이 입증되도록 하나님께서 공급하실 때까지 기다려야 하는가?
9. 조언자들의 동의를 얻었는가?
10. 나중에 얻어도 되는 것은 아닌가?

하나님께 어떻게 통제권을 드리는가?

믿음의 행동이 나오려면 마음으로 믿고 입으로 시인해야 한다.(로마서 10:8-10 참조) 먼저 우리는 다음 사실을 확실히 믿어야 한다.
- 하나님이 모든 부의 원천이시다.
- 하나님이 부를 얻을 수 있는 능력을 주신다.
- 우리가 가진 모든 것은 하나님께 받은 것이다.
- 하나님은 우리가 내드린 자원을 통해 하나님의 방향과 관심과 능력을 보여주기 원하신다.
- 우리가 하나님께 바치지 않은 것들은 사탄이 빼앗아 간다.
- 우리는 우리의 모든 자산을 어떻게 했는지에 대해 하나님께 설명해야 한다.

위 사실을 모두 믿는다면 우리는 이제 입으로 선포해야 한다. "오 주 하나님, 지금 제가 가진 모든 것과 앞으로 갖게 될

허드슨 테일러가 중국에서 지속적으로 거둔 놀라운 성공은 그가 젊은 나이에 철저한 자기훈련을 통해 극도로 검소하게 사는 법을 스스로 배운 데서 비롯되었다.

윌리엄 보던은 전 세계 수백만 명에게 감명을 주었다. 그는 젊은 나이에 자기 재산의 통제권을 하나님께 드린 것에서 그치지 않고 그 재산을 하나님 나라의 확장을 위해 기부했기 때문이다. 그의 인생 메시지는 유명한 세 문장으로 압축된다. "유보하지 말 것, 후퇴하지 말 것, 후회하지 말 것.(No reserves, no retreats, no regrets)"

모든 것에 대한 모든 통제권을 하나님께 드립니다. 이제부터는 저의 시간과 돈과 힘을 쓸 때마다 하나님의 나라와 능력과 영광이 드러나도록 하나님의 지시를 받겠습니다!"

어떤 사례가 있는가?

모세에게 지팡이는 자신의 생계, 자원, 직업, 부, 지위를 뜻하는 전부였다. 하나님은 모세에게 지팡이를 던지라고 하셨다. 모세가 지팡이를 던지자 무서운 뱀이 되었고 모세는 뱀을 피해 물러섰다. 이것이 바로 우리가 스스로 자산을 관리할 때 우리가 손에 쥐고 있는 것들의 참모습이다. 이것들은 우리를 물고 집어삼킬 수 있다.

"그러나 부유하게 되고자 하는 자들은 사람들을 파멸과 멸망에 빠지게 하는 시험과 올무와 여러 가지 어리석고 해로운 욕심에 떨어지느니라. 돈을 사랑함이 모든 악의 뿌리이니 어떤 자들이 돈을 탐내다가 믿음에서 떠나 잘못하고 많은 고통으로 자기를 찔러 꿰뚫었도다."(디모데전서 6:9-10)

하나님께서 지팡이를 잡으라고 하실 때 모세는 지팡이를 잡았다. 그때부터 성경은 그것을 모세의 지팡이라고 하지 않고 하나님의 지팡이라고 불렀다. 그 지팡이로 모세는 크고 강력한 기적을 행하고 이스라엘 민족에게 해방을 줄 수 있었다.

모세는 지팡이를 땅에 던지고 나서야 지팡이의 위험성을 보았다. 하나님께서 그것을 잡으라고 말씀하신 후에야 그것이 하나님의 지팡이가 되었고 하나님은 그것을 통해 큰 기적을 행하고 노예 생활을 하던 한 나라를 구해 내셨다.

한나는 아이를 간절히 갖고 싶었으나 하나님은 그녀의 태를 닫으셨다. 한나는 아들을 못 갖는 애달픔에 남편과 갈등하고, 남편의 둘째 부인을 시기하며 그녀와도 갈등했다. 한나는 결국 하나님께 고백할 수밖에 없었다. "제게 사내아이를 주신다면, 제가 그 아이를 평생토록 주께 드리겠습니다."

한나는 모든 것을 내려놓자 마음이 편안해졌고, 이로써 하나님은 한 나라의 지도자를 세우실 수 있게 되었다. 하나님은 한나에게 복을 주셔서 사무엘뿐 아니라 다섯 자녀를 더 주셨다. (사무엘상 2:21 참조)

모든 부모는 자녀가 자기 것이 아님을 알아야 한다. 자녀는 하나님의 유산이며 하나님께서 잠시 동안만 부모에게 맡기신 것일 뿐이다. 한나가 아들을 드린 것처럼 모든 부모는 자기 자녀가 하나님을 섬기도록 자기 자녀를 하나님께 드려야 한

한나가 아들에 대한 통제권을 하나님께 내드리고 나서야 하나님은 그녀에게 아들을 주셨다. 한나가 사무엘을 성전 직무에 드렸기 때문에 사무엘은 삶의 목적과 방향을 얻게 되었다.

스티브 둘린이 자기 사업에 대한 소유권을 하나님께 드린 후에야 하나님은 그 사업을 곱절로 늘리실 수 있었다. 하나님은 우리의 동업자가 아니라 주인이 되길 원하신다.

다. 자녀들은 자신이 하나님께 드려진 것을 알 때 다른 인생관을 갖게 된다.

스티브 듈린은 건설 회사에서 일하며 많은 연봉을 받았다. 그는 아내와 함께 주님께 더 많이 드리기로 결심했다. 얼마 지나지 않아 하나님은 스티브가 직접 건설 회사를 시작하도록 이끄셨다. 그는 자기 회사를 하나님께 드리고 하나님의 복을 경험했다.

그러던 어느 날 그는 사업을 하나님께 드리는 것만으로는 충분치 않다는 것을 깨달았다. 하나님께 소유권을 전부 드리고 모든 의사결정에 대해 하나님의 지시를 받아야 했던 것이다. 스티브가 그렇게 하자 하나님은 그의 사업을 곱절로 성공시키셨다.

그는 사업에 대한 하나님의 지시를 받기 위해 일 년에 세 번 안식 기간을 갖기 시작했다. 이렇게 혼자 주님과 함께하는 시간에 하나님은 그에게 명확한 지시를 내리셨고 덕분에 그의 사업은 남다른 성공을 거두었다. "주의 복, 그것은 사람을 부하게 하나니 그분께서는 그것에 슬픔을 더하지 아니하시느니라."(잠언 10:22)

행동에 옮기기!

1장에서 배운 내용을 바탕으로 생각해 볼 때 지금 당신이 모든 자원에 대한 소유권과 통제권을 하나님께 드리지 못하게 가로막는 것이 있는가?

그런 것이 있다면 다음과 같이 성심껏 하나님께 기도하는 것으로 첫걸음을 내딛고 이 결심을 기록으로 남기겠는가?

"오 하나님, 제가 가진 것과 앞으로 가질 모든 것에 대한 통제권을 전부 주님께 드립니다. 저의 시간과 돈과 힘을 쓸 때마다 주님의 나라와 능력과 영광이 드러나도록 주님의 지시를 받겠습니다."

하나님의 뜻을 알면서도 지체하는 것은 불순종이다.

서명인 : _____

서명일 : _____

돈으로 씨 뿌리는 자가 된다

"다만 내가 말하려는 바는 이것이니 곧 인색하게 뿌리는 자는
또한 인색하게 거둘 것이요, 풍성하게 뿌리는 자는
또한 풍성하게 거두리라는 것이라." (고린도후서 9:6)

이번 단계를 이해하려면 하나님께서 사람에게 세 가지 법 체계를 주셨음을 기억해야 한다. 첫째는 아담과 하와라는 한 가족에게 주신 것이다. 둘째는 이스라엘이라는 한 나라에 주신 것이다. 셋째는 모든 나라들에 주신 것으로 그리스도의 명령이다.

구약의 모세 법체계 아래서는 모든 사람이 하나님께 십일조와 헌물을 드려야 했다. 기본 10퍼센트에 사회봉사를 위한 십일조를 더하면 그 액수는 더 늘어나게 된다.

십일조의 목적은 레위 족속의 필요와 주님을 섬기는 일을 지원하는 것이었다. 그러나 더 큰 목적은 하나님을 두려워하는 것을 배우는 데 있었다. 하나님은 십일조를 바치라고 말씀하시며 "이로써 주 네 하나님 두려워하기를 항상 배울 것이니라."라고 하셨다.(신명기 14:23) 하나님은 그들의 자원을 곱절로 늘려주겠다고 약속하셨다.

"만군의 주가 말하노라. 너희는 모든 십일조를 창고로 가져와 내 집에 먹을 것이 있게 하고 이제 그것으로 나를 시험하여 내가 너희를 위해 하늘의 창들을 열고 너희에게 복을 쏟아 붓되 그것을 받을 곳이 없도록 붓지 아니하나 보라."(말라기 3:10)

'뿌리고 거두는' 원칙 가운데는 우리가 하나님께 우리의 돈을 드리는 데 적용할 수 있는 것이 많다. 첫째, 씨 뿌리는 자는 최대한 좋은 품질의 씨를 준비해야 한다. 우리는 우리 자원 가운데 제일 좋은 것을 드려야 한다. 남는 것이 아닌 첫 열매를 드리는 것이다. 우리는 노년까지 기다릴 것이 아니라 청년의 힘을 하나님께 드려야 한다.

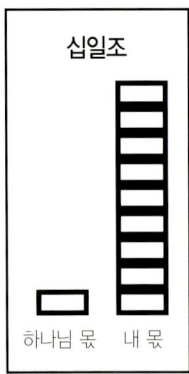

십일조

하나님 몫　내 몫

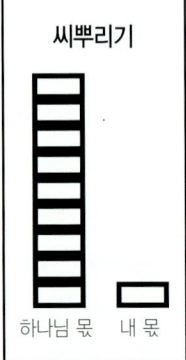

씨뿌리기

하나님 몫　내 몫

부자는 일시적 탐닉으로 영원한 고통을 자처했다.

그리스도의 명령 법체계 아래서도 하나님은 여전히 십일조 드리는 사람에게 복을 주신다. 그러나 여기서 십일조는 모든 것이 하나님의 소유임을 매주 기억하게 하는 것으로 보아야 한다. 나머지 돈은 어디에 씨를 뿌리라는 명확한 지시가 없으면 적절한 기회를 위해 잘 보관해 두어야 한다.

예수님은 '하나님 나라 경제'를 확립하셨다. 그것은 그리스도의 몸의 모든 구성원을 강건하게 하기 위해서 고안된 것이다. 신자들은 다른 신자들의 삶에서 어떤 필요를 보면 솔선해서 "성도의 필요에 따라 나눠주어야 한다.(로마서 12:13) 이것은 이스라엘이 국가로서 지켜야 했던 것을 그리스도인들이 전 세계 차원에서 실행하는 것이다. 이스라엘 사람은 누구나 언약의 구성원이므로 자기 자원으로 가난한 사람의 필요를 채울 의무가 있었다.

예수님이 젊은 관원에게 가진 것을 모두 팔아 가난한 사람에게 주라, 그러면 하늘에서 보물을 갖게 될 것이라고 말씀하셨을 때 예수님은 그에게 모든 이스라엘 사람이 맺은 언약을 지키라고 권하신 것뿐이었다.

나사로와 부자의 경우도 똑같다. 부자는 언약에 따라 나사로를 보살필 의무가 있었다. 그리스도의 법 아래에서도 비슷한 명령이 있다. "그러나 누가 이 세상의 좋은 것을 가지고 있으면서 자기 형제가 궁핍한 것을 보고도 동정하는 마음을 닫아 그를 피하면 어찌 하나님의 사랑이 그 속에 거하겠느냐?" (요한일서 3:17)

돈으로 씨 뿌리는 자가 되는 방법

씨 뿌리는 자는 수확의 법칙에 지배를 받는다.
1. 뿌린 **것을** 거둔다.
2. 뿌린 **곳에서** 거둔다.
3. 뿌린 **것보다 많이** 거둔다.
4. 뿌린 때와 **다른 계절에** 거둔다.
5. 뿌린 씨의 **품질대로** 거둔다.

십일조를 내는 자가 나머지 90퍼센트를 자기 것으로 가지는 구약의 십일조 법과는 달리, 돈으로 씨 뿌리는 자는 할 수 있는 한 많은 돈을 하나님 나라에 드리는 것으로 돈을 많이 나누길 원한다. 그래야 더 큰 수확을 거두고 하나님께서 맡기신 것들의 충실한 청지기가 되기 때문이다.

바울은 이렇게 설명했다. "다만 내가 말하려는 바는 이것이니 곧 인색하게 뿌리는 자는 또한 인색하게 거둘 것이요, 풍성하게 뿌리는 자는 또한 풍성하게 거두리라는 것이라. 저마다 자기 마음속에 정한 대로 낼 것이요, 마지못해 하거나 억지로 하지 말지니 하나님은 즐거이 내는 자를 사랑하시느니라."(고린도후서 9:6-7)

씨 뿌리는 자가 더 많은 씨를 뿌리는 길은 더 큰 밭을 갖는 것뿐이다. 야베스의 기도가 그것이었다. "야베스가 이스라엘의 하나님을 부르며 이르되, 원하건대 주께서 참으로 내게 복을 주사 내 지경을 넓히시고 주의 손이 나와 함께하사 주께서 나를 악에서 지키시며 근심이 없게 하옵소서! 하였더니 하나님께서 그가 구하는 것을 그에게 주셨더라."(역대상 4:10)

씨 뿌리는 자는 자기 주머니에 씨가 얼마나 남아 있는지보다 땅에 얼마나 많이 뿌렸는지에 관심이 있다. 이것은 투자를 크게 늘리는 데뿐만 아니라 좋은 청지기가 되는 데도 중요한 점이다.

우리는 모두 하나님의 자원을 맡은 청지기다. 어떻게 투자했는지를 설명해야 한다. 달란트 비유에서 하나님은 청지기에게 맡은 것의 최소 두 배를 벌라고 하신다. 이 비유에서 충실한 청지기가 되는 것이 얼마나 심각한 요구인지를 보라.(아래 굵은 글씨로 강조한 부분 참조)

현명한 청지기는 자산을 잘 기록해 둔다. 당신은 돈, 시간, 소유, 경험, 기술, 기회, 하나님을 따르는 지혜로운 친구와 같은 자산을 낱낱이 알고 있는가?

오 달란트 받은 자는 오 달란트를 더 가지고 와서 이르되, 주인이여, **주께서 내게 오 달란트를 맡기셨는데, 보소서, 내가 그것들 외에 오 달란트를 더 벌었나이다.** 하매 그의 주인이 그에게 이르되, **잘하였도다. 선하고 신실한 종아.……**

그 뒤에 일 달란트 받은 자가 와서 이르되, 주인이여, 당신은 엄한 사람이라 뿌리지 않은 데서 거두고 헤치지 않은 데서 모으는 줄 내가 알았으므로 내가 두려워하여 가서 당신의 달란트를 땅 속에 감추었나이다. 보소서, 거기에 당신의 것이 있나이다, 하매 그의 주인이 그에게 응답하여 이르되, **악하고 게으른 종아,** 너는 내가 뿌리지 않은 데서 거두고 흩뿌리지 않은 데서

11

윈도쇼핑(물건 구경만 하기)은 불만족을 키우는 연습이 될 수 있다. 필요하지 않은 물건에 대한 욕구를 불러일으키고 영원을 위해 뿌려야 할 씨를 다 써버릴 수 있다. 광고업체는 구매자의 두 가지 기본 동기에 호소한다. 이득에 대한 욕구와 손실에 대한 두려움이다. 이 두 가지 동기에는 각각 두 가지 수준이 있다. 하나는 일시적인 이득이나 손실이고 하나는 영원한 이득이나 손실이다.

바울은 하나님의 은혜가 우리 자신의 필요와 씨뿌리기를 위한 재정을 모두 공급하신다고 확신할 뿐 아니라 우리가 나눠 주는 돈을 은혜라고 말한다. "우리가 그와 더불어 한 형제를 보내었는데 그는 …… 교회들로부터 선정되어 이 은혜를 가지고 우리와 함께 여행하는 자니라. 이 은혜를 우리가 집행하는 것은 같은 주께 영광을 돌리며 너희의 준비된 마음을 밝히 드러내려 함이라."(고린도후서 8:18-19)

모으는 줄로 알았으니 그러므로 네가 내 돈을 돈 바꾸는 자에게 맡겨서 내가 올 때에 이자와 함께 내 것을 받게 했어야 함이 마땅하도다. **그런즉 그에게서 그 일 달란트를 빼앗아 십 달란트 가진 자에게 주라.**(마태복음 25:20-28)

씨 뿌리는 자는 하나님의 은혜의 힘을 사용한다

하나님은 모든 신자에게 은혜의 선물을 주신다. 하나님의 은혜는 하나님의 뜻을 실행할 수 있게 하는 힘이다. 은사는 그리스도의 몸을 세우는 데 쓰여야 한다.(로마서 12:4-8 참조)

"그러나 주께서 우리 각 사람에게 그리스도의 선물의 분량대로 은혜를 주셨나니…… 이것은 성도들을 완전하게 하고 섬기는 일을 하게 하며 그리스도의 몸을 세우게 하려 하심이라. 마침내 우리가 다 믿음과 하나님의 아들을 아는 것에서 하나가 되어 완전한 사람에 이르고 그리스도의 충만하심의 장성한 분량에까지 이르리니"(에베소서 4:7, 12-13)

성도들을 완전하게 하고 세우는 일에, 그리고 섬기는 일에 돈을 내는 것은 하나님의 은혜로 인한 행동이다. 우리가 은혜를 베풀 때 하나님은 우리 안에 있는 하나님의 능력을 보여주실 수 있다. 이것이 바울의 메시지이다. "하나님께서 능히 모든 은혜를 너희에게 넘치게 하시나니 이것은 너희가 항상 모든 일에서 모든 것이 넉넉하여 모든 선한 일을 풍성히 하게 하려 하심이라."(고린도후서 9:8) 하나님의 은혜는 우리에게 하나님의 뜻을 행할 소망과 능력을 준다.

바울은 구약을 인용하여 이 방법의 성경적 본질을 밝혔다. "이것은 기록된바, 그가 널리 재물을 흩어 가난한 자들에게 주었으니 그의 의가 영원히 지속되리로다, 함과 같으니라."(고린도후서 9:9) 이것은 시편 112편 9절을 인용한 것이다.

씨 뿌리는 자의 증가 법칙

우리가 나눔의 은혜를 베풀기로 작정하면 하나님께서 일하셔서 우리의 '씨'를 곱절로 늘리신다. 그러면 우리는 줄 것이 더 많아진다. "씨 뿌리는 자에게 씨를 제공하시는 분께서 이제 너희 양식으로 빵도 제공하시고 너희가 뿌린 씨도 번성하게 하시며 너희의 의의 열매도 늘어나게 하시리니 너희가 모든 일에서 부요하게 되어 온갖 후한 선물을 넘치게 하면 그들이 우리를 통해 하나님께 감사를 드리게 되느니라."(고린도후서 9:10-11)

씨 뿌리는 자의 두 계정

여기서 씨 뿌리는 자가 두 계정을 가진 것에 유의하라. 첫째 계정은 '양식을 위한 것'이다. 우리의 기본 필요를 뜻한다. 이 부분에서 씨 뿌리는 자의 목표는 가능한 한 보유량을 최소화하는 것이다. 바울은 밝힌다. "먹을 것과 입을 것이 있은즉 우리가 그것으로 만족할 것이니라."(디모데전서 6:8) 개인적 지출을 아낄수록 우리는 더 큰 수확을 위해 더 많은 씨를 뿌릴 수 있다.

달란트 비유에서 배우는 것은 우리가 받은 것에 충실할 때 하나님은 우리에게 더 많은 것을 주신다는 사실이다. 우리가 투자를 배로 늘리면 하나님은 우리의 자원을 배로 늘리실 것이다.

씨 뿌리는 자의 둘째 계정은 '씨뿌리기'이다. 하나님은 이 계정을 곱절로 늘리겠다고 약속하셨다. 하나님께서 이 계정을 크게 늘리시는 것은 우리의 야망이나 탐닉을 위한 것이 아니라 하나님 나라를 위함임을 알아야 한다.

하나님은 우리의 '씨'를 어떻게 크게 늘리시는가?

첫째, 하나님은 '황충을 꾸짖는 일'을 하신다. 자신의 부를 쌓으려는 사람은 다양한 황충을 경험한다. 투자 실패, 의료비 증가, 도둑, 인플레이션, 경기침체, 변호사 비용, 정신과 의사 비용, 세금, 보험료 증가, 불면증 등 다양한 황충 떼가 있다. 하나님은 우리가 우리의 돈으로 하나님을 공경하면 하나님은 황충을 꾸짖겠다고 약속하신다.(말라기 3:11)

성공하는 사람을 시편 112편에서는 이렇게 묘사한다. "주를 두려워하며 그분의 명령들을 크게 즐거워하는 자는 복이 있도다. 그의 씨가 땅에서 강성하리니 곧바른 자의 세대가 복이 있으리로다. 부와 재물이 그의 집에 있으리니 그의 의가 영원히 지속되리로다."

성공하는 사람은 또한 자기의 일들을 신중하게 처리한다.(시편 112:5) 그러려면 정확히 기록할 필요가 있는데 하나님도 정확히 기록하시기 때문이다. 하나님은 우리에게 무엇을 맡기셨고 그러므로 우리에게 무엇을 기대해야 하시는지를 정확히 아신다. 우리는 정확한 회계보고를 할 준비가 되어 있는가?

돈을 늘리는 제일 좋은 방법 중 하나는 지출을 끊는 것이다. 1,000원을 아끼는 것이 1,500원을 버는 것보다 낫다.

둘째, 하나님은 우리가 일을 더 잘 하여 생산성과 돈을 늘릴 수 있도록 우리에게 창의력을 주신다. "나 지혜는 분별과 함께 거하며 재치 있는 창안물들에 대한 지식을 찾아내나니"(잠언 8:12)

셋째, 하나님은 욥에게 하신 것처럼 우리가 하는 일에 복을 주신다." 주께서 그와 그의 집과 그의 모든 소유를 사방에서 울타리로 두르지 아니하셨나이까? 주께서 그의 손이 하는 일에 복을 주시니 그 땅에서 그의 재산이 불어났나이다."(욥기 1:10)

넷째, 하나님은 다른 사람들이 우리에게 돈이나 기회를 주도록 그들에게 동기를 부여하신다. "주라. 그리하면 너희에게 줄 것이니 곧 후히 되어 누르고 함께 흔들고 넘치게 하여 사람들이 너희 품에 안겨 주리라. 너희가 잴 때 쓰는 그 척도로 너희가 다시 평가를 받으리라. 하시니라."(누가복음 6:38)

하나님께서 자원을 크게 늘리신 사례

하나님은 솔로몬에게 원하는 것이 무엇이냐고 물으셨다. 솔로몬은 돈을 구하지 않았다. 그는 백성을 지혜로 이끌 수 있도록 이해하는 마음을 달라고 구했다.

하나님은 그의 청을 기뻐하시며 말씀하셨다. "……네가 부나 재물이나 존귀나 네 원수들의 생명을 구하지 아니하며 장수하는 것도 구하지 아니하고 오직 내가 너를 왕으로 삼아 다스리게 한 내 백성을 재판하기 위하여 너 자신을 위해 지혜와 지식을 구하였으므로 내가 네게 지혜와 지식을 주었으며 또 부와 재물과 존귀도 주리니 너 이전의 왕들 가운데 아무도 이와 같은 것을 소유하지 아니하였고 너 이후에도 아무도 이와 같은 것을 소유하지 못하리라. 하시니라."(역대하 1:11-12)

하루는 조오지 워싱턴 카버가 물었다. "조물주님, 땅콩의 목적이 무엇입니까?" 그리고는 실험실로 가서 땅콩 활용법 300 가지를 개발했다.

몇 년 전 피어폰트 씨 부부는 씨 뿌리는 자의 개념을 듣고 온 가족이 함께 씨 뿌리기를 시작하기로 결정했다. 그 후 일이 벌어지기 시작했다. 남편 켄이 아틀란타 시내 교회에 강사로 초청 받은 것이다. 왕복 비행기 값에 6,000달러가 넘는 사례비까지 받았는데 한 번에 그렇게 큰 돈을 받기는 처음이었다. 그 해 말에 수입을 계산해 보니 놀랍게도 추가 수입만 42,000

달러나 되었다.

　이 부부는 이 뜻밖의 수입이야말로 자신들이 씨 뿌리는 자가 되기로 결심한 것에 하나님께서 직접 응답하신 것임을 깨달았다. 하나님은 일상 지출에 필요한 것들을 공급하실 뿐만 아니라 씨 뿌리는 자의 돈을 곱절로 늘리시겠다는 약속이 사실임을 이 부부의 삶을 통해 증명하신 것이다. 이 사례는 사람들에게 정말 강력한 증언이 아닐 수 없었다.

　크리스티나 로드리게즈 양은 씨 뿌리는 자가 되는 것에 대해 듣고 기꺼이 씨 뿌리는 자가 되기로 헌신했다. 그러나 부모님이 선교사이시므로 집에 돈이 많지 않았기 때문에 그것은 쉬운 일이 아니었다.

　크리스티나는 작지만 값진 자기 물건들을 그것이 필요하거나 그것을 달라고 하는 여자아이들에게 주는 것으로 씨 뿌리기를 시작했다. 모자, 향수병과 같은 것이었다. 얼마 지나지 않아 하나님께서 그녀에게 뜻밖의 선물을 주시기 시작했다. 시카고 공립학교 글짓기 대회에서 입상하여 1,000달러를 부상으로 받은 것이다.

　그녀가 학교 이사회에 이 선물은 자신이 씨 뿌리는 자가 되도록 하나님이 공급하시는 것이라고 말하자 이사회는 크리스티나에게 시카고에 있는 여러 공립학교에서 학생들에게 그녀의 이야기를 나누어 달라고 부탁했다. 전혀 예상치 않은 선물들이 계속 도착했다. 어떤 날에는 5,000달러짜리 수표를 받기도 했다.

　그녀가 자신의 경험을 이야기하자 시카고와 다른 지역의 여러 학교에서도 강연 요청이 들어왔다. 지금 그녀는 멕시코에서 아이들을 가르치고 있으며 재정에서 하나님의 복을 계속 경험하고 있다.

켄과 로이스 피어폰트 부부는 씨 뿌리는 자가 되기로 결정하기 전까지만 해도 대부분의 그리스도인들처럼 '평범한 삶'을 살고 있었다. 그러나 그때부터 하나님은 이 부부의 사역과 사업을 크게 확장하셨다.

크리스티나는 단순히 씨 뿌리는 자가 되기로 결심하고 가진 것을 나눠주었다. 그것으로 이렇게 모든 기회의 문이 열리리라고는 상상하지도 못했다.

15

어떻게 씨 뿌리는 자가 되는가?

씨 뿌리는 자가 되는 것은 하나님께서 약속을 이루시도록 길을 열어 드리는 흥분된 모험이다. 이것은 현재 우리의 봉급을 기준으로 해서 이제부터 하나님께서 추가로 주시는 것들을 모두 '씨 뿌리기' 계정으로 넘기겠다고 작정하는 것에서 시작된다.

우리는 이제 예상하지 않았던 돈이 들어오면 특별 자금으로 따로 두어야 한다. 이것은 우리 자신을 위해 쓸 돈이 아니고 하나님께서 지시하시는 대로 다른 사람들에게 줄 돈이다. 이렇게 우리는 봉급 외의 추가 수입을 분배하는 자가 되는 것이다.

바울의 설명에 주목하라. "하나님께서 능히 모든 은혜를 너희에게 넘치게 하시나니 이것은 너희가 항상 모든 일에서 모든 것이 넉넉하여 모든 선한 일을 풍성히 하게 하려 하심이라."(고린도후서 9:8)

씨 뿌리는 자가 되는 것은 계정을 둘로 나눈다는 뜻이다. 하나는 우리 자신의 것을 위한 계정이고 하나는 남에게 나눠 주기 위한 계정이다. 우리는 수입에 맞춰 사는 것을 배우면서 하나님께서 모든 재정 결정에 대한 지혜를 주실 것을 계속 기대해야 한다. 씨 뿌리는 자가 되는 것은 첫째로 우리 자산에 대한 소유권과 통제권을 하나님께 드리는 것이다.

씨 뿌리는 자가 되어 하나님의 능력을 경험하고 싶다면 다음과 같이 진지하게 다짐해야 한다.

"하늘에 계신 아버지, 저는 지금 아버지의 은혜의 능력을 힘입어 씨 뿌리는 자가 되기로 작정합니다. 최대한 검소하게 살겠습니다. 봉급 외로 생기는 추가 수입은 계정을 따로 두어 다른 사람들에게 주겠습니다. 풍족하든지 궁핍하든지 아버지와 아버지의 나라를 위해 아버지의 재정의 통로가 되겠습니다."

수확은 전적으로 씨를 얼마나 뿌렸느냐에 달렸다. 그러므로 일찍 시작하면 남은 평생 동안 수확의 기쁨을 누리고 그리스도를 뵐 때 마지막 수확을 거둘 것이다.

씨 뿌리는 자가 되려는 결심 없이는 하나님의 부를 절대로 경험할 수 없다. 이것은 하나님이 복 주시는 믿음의 행동이다.

이름(서명) : _____

날짜 : _____

재물을 잃게 만드는 열 가지 원인을 제거한다

"네 안에 거하는 타국인은 …… 네게 꾸어 줄지라도 너는 그에게 꾸어 주지 못하리니 그는 머리가 되고 너는 꼬리가 되리라. 또 네가 주 네 하나님의 음성에 귀를 기울이지 아니하고 그분께서 네게 명령하신 그분의 명령과 법규를 지키지 아니하였으므로 ……"(신명기 28:43-45)

1. 주님을 두려워하지 않는 것

하나님은 하나님을 두려워하는 사람들의 재정을 늘리신다. "겸손함과 주를 두려워함으로 말미암아 재물과 명예와 생명이 있느니라."(잠언 22:4) 주님을 두려워하는 것이 지혜의 시작이고 그 지혜를 통해 우리는 재물을 늘리는 방법을 알게 된다.

시편 112편에서는 이렇게 약속한다. "주를 두려워하며 그분의 명령들을 크게 즐거워하는 자는 복이 있도다. 부와 재물이 그의 집에 있으리니."

하나님은 욥의 가족, 소유, 건강을 보호하는 울타리를 두르시고 그를 땅에서 부유하게 하셨다. 욥이 "하나님을 두려워하고 악을 멀리하는 자"였기 때문이다.(욥기 1:8) 사탄은 욥의 재산에 해를 끼칠 수 없었기 때문에 이 울타리를 불평했다.

'재물과 명예와 생명의 열쇠'라는 이 책은 부를 늘리는 중요한 출발점이 될 것이다. 솔로몬은 말했다. "우리가 전체 일의 결론을 들을지니 하나님을 두려워하고 그분의 명령들을 지킬지어다. 이것이 사람의 온전한 의무이니라."(전도서 12:13)

행동에 옮기기!

"나는 주님이 내 모든 생각과 말과 행동을 지켜보며 헤아리고 계시며 그에 따라 나를 포상하거나 징계하실 것을 깨닫고 주님의 명령을 실행하는 것으로 '주님 두려워하기'를 배우겠습니다."

☐ 예, 이렇게 하겠습니다.

2. 밤낮으로 묵상하지 않는 것

재정적 부유에 대해서 하나님께서 시편 1편에서 주시는 말씀보다 더 큰 보증은 없다.

"경건치 아니한 자들의 계획대로 걷지 아니하고 죄인들의 길에 서지 아니하며 모욕하는 자들의 자리에 앉지 아니하는 사람은 복이 있나니 그는 주의 율법을 기뻐하며 그분의 율법을 밤낮으로 묵상하는도다. 그는 물 있는 강가에 심은 나무 곧 제철에 열매를 맺는 나무 같으며 그의 잎사귀 또한 시들지 아니하리로다. 그가 하는 것은 무엇이든지 형통하리로다."

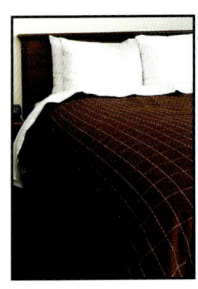

잠자리에 들 때 주님과 나눌 중요한 성경구절 하나를 꼭 챙기라. 잠자리에 눕자마자 주님께 그 구절을 읊으라. 주님과 그 구절을 나누면서 단어 하나하나를 마음속으로 그리고 삶에 어떻게 적용할 수 있는지 주님께 여쭈라.

이것은 여호수아 1장 8절에서도 주신 약속이다. "너는 이 율법 책을 네 입에서 떠나지 말게 하며 밤낮으로 그것을 묵상하여 그 안에 기록된 대로 다 지켜 행하라. 그리하면 네가 네 길을 형통하게 하며 또한 크게 성공하리라." 큰 성공은 재정만이 아니라 삶의 모든 영역에서의 성공을 말한다.

하나님 말씀을 묵상하는 것은 하나님 나라를 위해 우리를 재정적으로 부유하게 할 뿐 아니라 영적으로 우리의 보살핌 아래 있는 사람들을 영적으로 보호하고 강건하게 한다. 아버지가 가족을 성결하게 하는 길은 자신의 삶을 하나님의 말씀으로 씻는 것이다. 이것이 바로 예수님이 하신 일이다. "또 내가 그들을 위하여 내 자신을 거룩히 구별하오니 이것은 그들도 진리를 통해 거룩히 구별되게 하려 함이니이다."(요한복음 17:19)

이스라엘 백성이 매일 아침 새 만나를 줍고 성전의 진설병(보여주는 빵)을 날마다 새것으로 바꿔놓은 것처럼 매일 새 구절을 얻는 것이 좋다.

행동에 옮기기!

"하나님의 확실한 약속을 근거로, 저는 제가 성경말씀을 매일 꾸준히 묵상할 수 있도록 하나님께 은혜를 구합니다. 특히 매일 밤마다 잠들기 전에 한 절씩 암송하도록 노력하겠습니다. 다른 사람들에게 제가 묵상을 성실하게 지속하는지 점검해 달라고 부탁하겠습니다."

☐ 예, 이렇게 하겠습니다.

3. 근면의 품성을 놓치는 것

하나님은 선포하신다. "자기 업무에 부지런한 사람을 네가 보느냐? 그는 왕들 앞에 설 것이요, 천한 자들 앞에 서지 아니하리라."(잠언 22:29) 하나님은 또 말씀하신다. "손을 느리게 놀리는 자는 가난하게 되나 부지런한 자의 손은 부하게 만드느니라."(잠언 10:4)

부지런한 사람은 절대로 일거리가 끊이지 않는다. 고용주들은 그런 사람을 찾고 있고 그런 사람에게는 자리를 새로 만들어서라도 일을 준다. 게다가 부지런한 사람은 일자리를 기다리지 않고 필요를 찾아내어 직접 회사를 차린다. 슬프게도 많은 사람들이 고용주들을 감동시킬 만큼 근면성을 갖추지 못하고 있다.

부지런한 사람의 목표는 직장 상사를 성공시키는 것이다. 부지런함의 열쇠는 자신이 그저 고용주만을 위해 일하는 것이 아니라 주님을 위해 일한다는 사실을 깨닫는 것이다. "또 너희가 무슨 일을 하든지 마음을 다해 주께 하듯 하고 사람들에게 하듯 하지 말라. 너희가 상속 유업의 보상을 주에게서 받을 줄 아나니 너희는 주 그리스도를 섬기느니라."(골로새서 3:23-24)

부지런하지 않고 게으른 것은, 많은 그리스도인 가정들을 병들게 하는 심각한 문제다. 남자들은 컴퓨터, TV, 쓸데없는 잡담이나 채팅, 스포츠에 너무 많은 시간을 보내느라 가족에게 근면성을 보여주지 못하고 있다. 게으른 사람에 대한 하나님의 해결책은 단 하나뿐이다. "…… 누구든지 일하려 하지 아니하거든 먹지도 말라"(데살로니가후서 3:10)

행동에 옮기기!

"저는 제 근면성을 높일 수 있다는 것을 압니다. 그러므로 지금 당장 저는 제 고용주를 성공시키기로, 그리고 그리스도께서 실제 고용주임을 인식하며 일하기로 선택합니다."

☐ 예, 이렇게 하겠습니다.

"잠을 사랑하지 말라. 네가 가난하게 될까 염려하노라. 네 눈을 뜨라. 그리하면 네가 빵으로 만족하리라."(잠언 20:13)

"문짝이 자기의 돌쩌귀 위에서 도는 것 같이 게으른 자도 자기 침상 위에서 도느니라."(잠언 26:14)

"네 빈궁이 여행자같이, 네 궁핍이 군사같이 이르리로다."(잠언 24:34)

수리가 마무리되지 않은 집, 쓰레기가 널려 있는 뒷마당. 단정하지 않은 앞마당. 지저분한 자동차는 모두 게으름의 흔적이다.

4. '빨리 부자가 되려는' 계략에 투자하는 것

아담과 하와가 타락한 결과로 하나님은 사람에게 이마에 땀을 흘려 생활비를 벌라고 요구하셨다. 그러나 사람은 이때부터 계속 오히려 땀을 흘리지 않고 돈을 벌려고 애썼다. 그래서 영어에는 'no sweat'(전혀 힘들지 않아요)이라는 표현이 생겼다.

게으른 사람은 일확천금 유혹의 쉬운 표적이 될 수밖에 없다. 하나님은 경고하신다. "급히 부자가 되려 하는 자는 악한 눈을 가졌으므로 궁핍이 자기 위에 임할 줄을 깊이 생각하지 아니하느니라."(잠언 28:22) 이런 사람이 빈털터리가 되는 것은 시간문제다.

단기간에 부자가 되려는 계략은 탐욕에서 비롯된다. "이익을 탐하는 자는 자기 집을 괴롭게 하나 뇌물을 미워하는 자는 살리로다."(잠언 15:27)

누가 당신에게 거금을 벌게 해 준다며 벤처기업에 목돈을 투자하라고 한다면 그것은 이러한 돈벌이 계략의 신호일 수 있다. 벤처기업은 대개 실적이 검증된 견고한 사업체가 아니다. 많은 사람이 주택을 담보로 돈을 빌려 사업을 시작했다가 끝내 집도 사업도 다 날리고 가족의 신뢰까지 잃었다.

'빨리 부자가 되려는' 계략은 대부분 사기에 가깝다. 나중에 참여한 사람들이 희생하는 대가로 처음 시작한 사람이 부자가 되는 구조다. 대개 아내들은 이런 사업에 대해 주의를 느끼지만 남자들은 단기간에 일을 최소한 적게 하고도 얼마나 많은 금액을 벌 수 있는지를 설명하는 영업사원의 그럴듯한 말만 믿고 너무 쉽게 확신해 버린다.

빨리 부자 되기의 극명한 사례가 도박이다. 로또도 마찬가지다. 로또 당첨자는 대개 예상 밖의 일들로 인해 슬픔과 고통을 겪게 된다.

이런 사업들이 성인용 잡지나 웹 사이트에 광고되고 있다는 것은 시사하는 바가 크다.

행동에 옮기기!

"나는 큰돈을 약속하는 벤처기업 투자를 고려할 때도 내 동기를 살피겠습니다. 많은 조언을 듣고, 절대로 돈을 빌려 시작하지 않고, 아내와 다른 사람의 주의를 따르겠습니다."

☐ 예, 이렇게 하겠습니다.

5. 부모를 공경치 않는 것

하나님은 약속하신다. "네 아버지와 어머니를 공경하라. 그것은 약속 있는 첫째 명령이니 이것이 네가 잘되고 땅에서 장수하게 하려 함이라."(에베소서 6:2-3) 이 약속의 반대 또한 사실이다. 아버지와 어머니를 공경하지 않으면 우리는 잘 되지 않을 것이다. 사실 우리의 삶에 저주가 있을 것이다.

하나님의 율법은 누구든지 아버지나 어머니를 저주하는 자를 죽이라고 요구한다.(출애굽기 21:17 참조) 이 구절에서 저주로 번역된 원어는 '가볍게 여기다, 경멸로 대하다'라는 뜻이다.

저주는 공경하지 않는 것을 말하는데 예수님이 마태복음 15장 4절에서 이 말씀을 확인하셨다. "아버지나 어머니를 저주하는 자는 반드시 죽일지니라" 여기서 예수님이 사용하신 저주라는 단어는 본래 '비방하다, 욕하다, 학대하다'라는 뜻이다.

성경은 말한다. "자기 아버지를 조롱하며 자기 어머니에게 순종하기를 싫어하는 눈은 골짜기의 까마귀들이 쪼아 내고 독수리 새끼들이 먹으리라."(잠언 30:17)

당신은 결혼할 때 양가 부모님의 전적인 찬성을 받았는가? 만일 그렇지 않다면 부모님께 가서 용서를 구하고 부모님의 입을 통해 축복의 말을 듣는 것이 매우 중요하다.

중요한 사실은 우리가 재정에서 하나님의 복을 경험하려면 우리 육신의 아버지가 우리를 마주하고 그의 입으로 축복해 주셔야 한다는 것이다. 그리고 우리가 중대한 재정문제를 결정하려고 고심할 때는 아버지의 조언이 필요하다.

누군가 우리 부모님이나 시부모 또는 처부모님께 우리가 그분들을 공경하며 귀하게 대하는지 묻는다면 그분들이 뭐라고 답변하시겠는가?

행동에 옮기기!

"지금까지 부모님을 공경하지 않았다면, 특히 결혼할 때 양가 부모님의 전폭적 지지와 축복을 받지 않았다면 하나님께서 주신 권위를 어긴 것에 대해 용서를 구하겠습니다. 그리고 지금이라도 부모님들께서 저를 마주하고 입으로 제 삶을 축복해 주시도록 부탁하겠습니다."

☐ 예, 이렇게 하겠습니다.

야곱은 재정적으로 성공하려면 아버지의 축복이 중요하다는 것을 알았다. 그래서 그것을 얻는 데 필요하다면 무슨 일이든 가리지 않았다.

6. 대출이나 주택융자를 받는 것

하나님의 말씀은 아주 분명하다. "부한 자는 가난한 자를 다스리고 빌리는 자는 빌려 주는 자의 종이 되느니라."(잠언 22:7) 여기서 종으로 번역된 '에베드'라는 단어는 본래 '노예'를 뜻한다.

예수님은 두 비유를 들어 값진 진주와 밭에 숨겨진 보물에 대해 말씀하셨다. 비유속의 주인공은 대출을 받지 않고 가진 것을 모두 처분하여 그것을 샀다. 오늘을 사는 우리에게 지혜로운 조언이 아닐 수 없다.

어째서 당신은 다른 사람의 노예가 되려고 하는가? 바울은 우리에게 '너희가 자유인이면 돈 때문에 사람의 종이 되지 말라.'라고 당부한다. "주께서 값을 치르고 너희를 사셨으니 너희는 사람들의 종이 되지 말라."(고린도전서 7:23)

우리는 돈을 빌릴 때 분명히 갚겠다고 생각한다. 나중에는 재정이 나아져서 갚을 수 있으리라고 가정하는 것이다. 그러나 성경은 앞날이 어떻게 될지 모르기 때문에 그런 추측은 모두 악하다고 경고한다.

"내일 있을 일을 너희가 알지 못하는도다. 너희 생명이 무엇이냐? 그것은 곧 잠시 나타났다가 그 뒤에 사라져 버리는 수증기니라…… 이제 너희가 스스로 자랑하는 것을 기뻐하니 그러한 기쁨은 다 악한 것이니라."(야고보서 4:14, 16)

한 과부가 엘리야 선지자에게 도와 달라고 부르짖었다. 선지자 수련생이던 남편이 돈을 빌린 탓이었다. 그는 갚을 생각이었지만 그만 죽고 말았다. 빚을 준 사람이 그 과부를 찾아와 두 아들을 종으로 데려가려고 했다. 그 남편은 자기가 진 빚으로 인해 가족이 당할 고통을 꿈에도 생각하지 못했을 것이다.

이뿐 아니라 대출자들은 대부분 대출에 따르는 높은 대가를 의식하지 않는다. 이자를 지불해야 하기 때문에 총 지불액은 처음에 대출한 금액보다 두세 배로 늘어나게 마련이다.

돈을 빌리는 것의 가장 큰 문제는 하나님보다 앞질러 간다는 점이다. 하나님은 우리의 모든 필요를 채우시기로 약속하셨다. 우리가 돈을 빌리는 것은 하나님의 명성을 공개적으로 떨어뜨리는 것이다. 그리고 하나님께서 능력과 사랑을 보여주시려고 초자연적으로 그 필요를 채우실 가능성을 막아버리는 것이다.

행동에 옮기기!

"저는 이 시점부터 어떤 돈도 빌리지 않고 필요가 있을 때마다 하나님께서 그 필요를 채우시고 영광 받으시는 것을 보겠습니다."

☐ 예, 지금 이렇게 약속합니다.

7. 동업을 하는 것

돈을 빌리는 것의 문제가 동업에도 똑같이 적용된다. 동업은 하나님께서 공급하시고 싶은 것을 다른 사람에게서 찾는 것이다. 우리는 늘 다른 사람의 전문 지식이나 기술이 필요하지만 그런 것은 사람을 고용해서 얻을 일이지 그들과 동업까지 할 일은 아니다.

동업은 이익과 손해를 똑같이 나누는 것이다. 동업자가 돈을 빌리거나 고가 장비를 산다거나 현명치 않은 투자를 할 때 우리는 날카롭게 맞서든지 아니면 그냥 따르다가 대가를 함께 치르든지 둘 중의 하나이다.

만일 우리가 선교사역을 위해 당분간 일을 쉬겠다고 하면 동업자는 불쾌하게 여길 것이다. 함께 분담하기로 했던 사업의 짐을 그가 혼자서 전부 져야 하기 때문이다. 이와 같이 사업에 매이고 만다.

바울은 재정 지원의 수단으로 천막 짓는 일을 했다. 그러나 그는 생업에 선교사역을 끼워 맞추지 않고 선교사역에 생업을 맞추었다.

그러나 더 심각한 문제가 있다. 하나님은 은밀한 죄가 있는 사람을 재정의 손실로 징계하시기 때문이다. 하나님께서 우리의 동업자를 이 방법으로 징계하시면 우리도 함께 그 손해를 볼 수밖에 없다.

동업뿐 아니라 남의 빚보증을 서는 것도 여러 가지 이유에서 지혜롭지 않다. "내 아들아, 네가 만일 네 친구를 위해 보증인이 되거나 …… 네 입의 말들로 인하여 네가 올무에 걸렸으며 네 입의 말들로 인하여 네가 붙잡히게 되었느니라."(잠언 6:1-2)

하나님이 복을 주셔서 여호사밧 왕은 큰 부와 영예를 얻었다. 그러나 아합 왕이 동맹을 제안했을 때 선지자는 그러지 말라고 경고했으나 여호사밧 왕은 경고를 거부하고 아합 왕과 동맹했다. 이후 전쟁에서 여호사밧 왕은 거의 목숨을 잃을 뻔했고 아합 왕은 죽임을 당했다.

동업은 두 소가 멍에를 함께 메는 것과 같다. 한 사람이 무엇을 하든지 나머지 한 사람도 같이 하지 않을 수 없다.

행동에 옮기기!

"저는 동업을 하지 않겠습니다. 이미 동업 중이라면 기도를 통해 명예롭게 벗어날 가장 지혜로운 길을 찾겠습니다."

☐ 예, 꼭 이렇게 하겠습니다.

8. 부도덕에 빠지는 것

부도덕은 신체적, 정신적, 영적, 재정적 비극을 낳는다. 남자는 이것 때문에 명예, 건강, 돈을 잃게 된다. 다른 여자가 아닌 오직 아내만 할 수 있는 일이 있는데 그것은 재정 문제에 대해 주님이 주시는 경고를 남편에게 전달하는 것이다. 이와는 반대로 외간 여자는 남자가 그릇된 결정을 내려 재산을 탕진하도록 부추긴다.

이것은 '큰 문제'다. 남자가 부유하게 되어서 경제적으로 넉넉해지면 다른 여자와 사귀거나 관계를 맺기가 매우 쉬워진다. 그렇게 하면 하나님의 심판을 받게 된다. "음탕한 여자로 말미암아 남자가 빵 한 조각을 얻으려고 끌려가나니 간음하는 여자는 귀중한 생명을 사냥하리로다."(잠언 6:26)

부도덕은 성공한 남자들을 수없이 몰락시켰다. 그래서 하나님은 당부하신다. "네 마음이 그녀의 길들로 기울지 않게 하고 그녀의 행로들 안에서 길을 잃지 않게 하라. 그녀가 많은 사람들을 상하게 하여 내던졌나니 참으로 많은 강한 남자들이 그녀로 말미암아 죽임을 당하였느니라. 그녀의 집은 지옥에 이르는 길 곧 사망의 방들로 내려가는 길이니라."(잠언 7:25-27)

외간 여자와 관계하거나 음란물에 빠지면 돈을 잃는 것뿐 아니라 결혼, 가족, 자신의 혼을 망치게 된다.

"그러나 누구든지 여자와 간음하는 자는 명철이 부족한 자니라. 그것을 행하는 자는 자기 자신의 혼을 망하게 하며"(잠언 6:32) "사람이 만일 온 세상을 얻고도 자기 혼을 잃으면 그에게 무슨 유익이 있겠느냐?"(마가복음 8:36)

은밀한 애정관계가 가져 오는 비극 중 하나는 부부가 한마음이 될 때 발휘되는 힘을 막고 부부의 강력한 기도를 차단하는 것이다. 게다가 은밀히 한 일은 무엇이든지 지붕 위에서 공개 발표될 것이다.(누가복음 12:1-3 참조)

행동에 옮기기!

남자가 정신적 간음에 빠지기 아주 쉬운 길은 보호장치 없이 인터넷 페이지를 보는 것이다. 일단 음란물에 노출되면 남녀를 불문하고 중독되기 쉽고, 그 중독은 그 사람의 생명을 조금씩 갉아먹는다.

"부도덕으로부터 나 자신을 지키기 위해, 내 아내(또는 남편)에게 내 은밀한 죄를 고백하고 통회하겠습니다. 그리고 유혹으로부터 나 자신을 지킬 것과 매일 성경말씀을 묵상할 것을 서약합니다."

☐ 예, 꼭 이렇게 하겠습니다.

9. 하나님께 드리기를 소홀히 하는 것

이것 또한 부를 가로막는 주된 장애 요소이다. 우리가 부유하게 되는 것은 우리가 얼마나 후하게 하나님께 드리느냐에 직결되어 있다. 말라기의 가르침은 오늘날에도 똑같이 적용된다.

"만군의 주가 말하노라. 너희는 모든 십일조를 창고로 가져와 내 집에 먹을 것이 있게 하고 이제 그것으로 나를 시험하여 내가 너희를 위해 하늘의 창들을 열고 너희에게 복을 쏟아 붓되 그것을 받을 곳이 없도록 붓지 아니하나 보라. 만군의 주가 말하노라. 내가 너희를 위하여 먹어 삼키는 자를 꾸짖으리니 그가 너희 땅의 열매를 멸하지 못하리라. 또 너희 포도나무가 때가 이르기 전에 자기 열매를 밭에 떨어뜨리지 아니하리니"(말라기 3:10-11)

하나님께 드리지 않으면서 부하게 되려고 애쓰는 사람을 야고보는 이렇게 묘사한다. "자, 이제, 너희 부자들아, 너희에게 임할 너희의 비참한 일들로 인하여 슬피 울며 울부짖으라. 너희의 재물은 썩었고 너희의 옷은 좀먹었으며 너희의 금과 은은 부식되었으니 그것들의 녹이 너희를 대적하는 증인이 되고 불과 같이 너희 살을 먹으리라. 너희가 마지막 날들을 위해 재물을 함께 모아 쌓았도다."(야고보서 5:1-3)

하나님은 부를 얻을 능력을 주시는 분이시며 우리가 하나님의 길을 따르지 않을 때는 우리에게서 부를 가져가시는 분이시기도 하다. 하나님의 것을 하나님께 드리지 않고 부유하게 되는 길은 없다.

행동에 옮기기!

"저는 수입의 첫 열매를 드려 하나님을 공경하고 훨씬 더 나아가 '곱절로 늘어나는 하나님의 씨'로 씨 뿌리는 자가 되겠습니다. 십일조를 매주 드려 모든 것이 하나님의 소유임을 기억하고 제 생활비로는 꼭 필요한 것만 쓰겠습니다."

☐ 예, 꼭 이렇게 하겠습니다.

하나님께서 우리의 수입에 복을 주시려면 먼저 우리가 수확의 법칙에 따라 우리의 자원으로 하나님을 공경해야 한다. "네 재물과 네 모든 소출의 첫 열매로 주를 공경하라. 그리하면 네 창고가 가득히 차고 네 포도즙 틀이 새 포도즙으로 터져 넘치리라."(잠언 3:9-10)

하나님께 드리는 것이 보물을 하늘에 쌓아두는 것이다. "거기서는 좀이 먹지도 녹이 슬지도 않으며 거기서는 도둑이 뚫지도 훔치지도 못하느니라."(마태복음 6:20)

10. 가난한 사람에게 주기를 소홀히 하는 것

가난한 사람에게 주는 것은 하나님의 부를 얻는 데 필수 요소이다. 하나님은 놀라운 경고를 주신다. "누구든지 가난한 자의 부르짖음에 귀를 막으면 그가 직접 부르짖어도 역시 들어 줄 자가 없으리라."(잠언 21:13)

반면에 우리가 가난한 사람에게 주면 실제로 하나님께 꾸어 드리는 것과 같아 하나님께서 우리에게 갚아주시겠다고 하나님은 말씀하신다. "가난한 자를 불쌍히 여기는 자는 주께 빌려 드리나니 그가 베푼 것을 그분께서 그에게 다시 갚아 주시리라."(잠언 19:17)

이번 단계의 행동은 가난한 자들을 불러들여 만찬을 베풀라는 그리스도의 명령과 상통한다. 이렇게 가난한 사람들을 섬기는 것은 그냥 주고 마는 것이 아니라 하나님께서 복 주겠다고 약속하신 관계들을 만들어 가는 것이다.(누가복음 14:13-14 참조) "관대한 눈을 가진 자는 복을 받으리니 이는 그가 자기 빵을 가난한 자에게 주기 때문이니라."(잠언 22:9)

가난한 자에게 주는 것이 실제로 주님께 드리는 것임을 알면 우리는 가난한 사람에게, 특히 가난한 신자에게 베풀고자 하는 적극적인 마음을 진심으로 갖게 된다. 그것은 예수님의 말씀 때문이다. "내가 주릴 때에 너희가 내게 먹을 것을 주었고 내가 목마를 때에 너희가 내게 마실 것을 주었으며 내가 나그네 되었을 때에 너희가 나를 받아들였고 …… 너희가 이들 내 형제들 중에서 가장 작은 자 하나에게 그것을 하였은즉 내게 하였느니라"(마태복음 25:34, 40)

가난한 사람에게 주는 것은 단지 돈을 건네주는 것이 아니다. 가난한 사람들은 대부분 상한 마음을 치료하고, 관계를 개선하고, 생명을 위협하는 7가지 스트레스를 풀고, 지혜롭게 재정의 결정을 내릴 수 있도록 조언을 받아야 할 필요가 있다. 누가 정말로 도움이 필요한 사람인지를 정하려면 시간과 분별력이 필요하다.

덕스러운 여자는 가난한 자들에게 손을 내밀고 참으로 궁핍한 자들에게 손을 뻗는다.(잠언 31:20)

행동에 옮기기!

"저는 가난한 사람에게 주는 것을 생활화하겠습니다. 누가 단지 제 손길이 아닌 하나님의 도움을 원하는지를 신중하게 분별하겠습니다. 그들에게 단지 돈이 아닌 하나님의 길을 따라 사는 참된 부를 주려고 노력하겠습니다."

☐ 예, 이렇게 하겠습니다.

성공하는 사업을 어떻게 시작하는지 배운다

"너희 중에 누구든지 가장 으뜸이 되고자 하는 자는 모든 사람의 종이 되어야 할지니라."(마가복음 10:44)

미국 사람은 주로 일자리를 찾고 중국 사람은 사업거리를 찾는다. 예수님은 목공 사업을, 바울은 천막제조 사업을 했다. 제자들 모두가 사업을 하다가 부름을 받았다.

사업은 필요나 부족한 것을 채우는 데 중점을 두는 것이다. 필요에 중점을 두는 사람은 경기침체 속에도 살아남는다. 오늘날 발명품은 대부분 필요를 더 효과적으로 채우는 데 중점을 두고 있다.

사업 성공의 기본 원리는 '사고팔아 이익을 얻는 것'이다.(야고보서 4:13) 이득이나 수익이 없는 사업을 할 수는 없다. 가능한 한 원자재나 제품의 구입가를 낮추고 시장에 알맞게 판매가를 높여야 한다는 말이다.

성공하는 사업은 광고비를 들일 필요가 없다. 열성 고객들이 친구들에게 상품 가치를 말해주기 때문이다. 고객의 열성이 클수록 사업은 성장하게 된다. 그러나 사업이 잘되면 경쟁자들의 주목을 끌게 된다. 그들은 똑같은 사업을 벌여서 시장을 나누려 한다.

친절하고 열성적인 한 청년이 사업을 시작했다. 그는 여러 회사를 드나들며 비서들과 친해지면 코트를 벗어 코트 안에 미리 진열해 놓은 온갖 사무용품들을 펼쳐 놓았다. 비서에게 필요한 것을 팔고 나면 더 필요한 것이 없냐고 물었다. 오늘날 그 청년은 억만장자가 되었다. 그는 필요를 채우는 법을 배운 것이다.

27

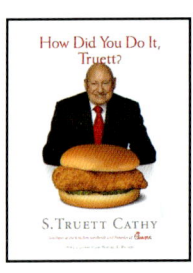

트루엣 캐씨(Truett Cathy)는 닭요리 식당을 열면서 품성을 강조하고 하나님을 공경하는 지침을 세웠다. 그중 한 가지는 주일에 문을 닫는 것이었다. 오늘날 칙휠레(Chick-fil-A)는 미국에서 가장 수익성 높은 음식 체인점이다. 패스트푸드 체인점 업계에서 직원 이직률이 제일 낮고, 매장당 매출액이 맥도날드보다 높다. 새 매장을 여는 곳마다 경찰이 교통정리에 나서야 할 정도이다.

경쟁이 벌어지면 성공하는 기업은 단지 서비스나 상품만 파는 것이 아니라 고객들과 관계를 세운다는 사실이 확인되었다.

위치도 좋지 않고 우중충한데도 늘 손님들로 붐비는 식당이 있었다. 바깥에 기다리는 손님이 줄지어 기다리기가 예사였다. 이 식당 종업원들은 이곳에서 20년이 넘게 근무한 사람들이었다. 이 식당이 왜 이렇게 성공했을까? 이 식당 종업원들은 손님들의 이름을 거의 다 외우고 손님들이 들어올 때마다 열정적으로 인사했기 때문이다.

사람들은 누구나 한가지 이상의 필요가 있다. 우리는 고객과 관계를 쌓아갈 때 그들의 필요를 알게 되고 사업을 어디로 확장해야 하는지 방향을 잡을 수 있다.

사람들의 가장 큰 필요는 하나님의 생명의 길을 배우는 것이다. 이것이 성공하는 기업의 궁극적 목표가 되어야 한다.

하비라비(Hobby Lobby) 매장 관리자는 직원회의에서 큰소리로 말했다. "제가 여기서 일하는 것에 자부심을 느끼는 이유는 이 회사가 전 세계에 도움을 주고 있기 때문입니다." 하비라비는 현재 미국에서 독립 소매점 가운데 그 규모가 업계 2위로 큰 기업이다. 대형 매장이 460개나 되고 2주마다 하나씩 늘고 있다.

성공하려면 회사와 사원 모두 한결같은 품성을 보여주어야 한다. 사람들은 좋은 이름(명성)을 믿는다.

행동에 옮기기!

"저는 사람들의 필요에 유의하겠습니다. 가난한 사람들을 집에 초대하여 만찬을 대접하겠습니다. 사업 기회가 보이면, 사람들을 돕고 하나님의 나라를 넓히는 목적으로 사업을 시작하겠습니다."

☐ 예, 이렇게 하겠습니다.

성공하는 기업의 기초는 품성이다.

'Win-Win' 협상 기술을 개발한다

"아무도 자기 것을 구하지 말고 각각 다른 사람이 잘되기를 구하라."(고린도전서 10:24)

참된 협상은 제일 싼 가격을 얻어내려고 애쓰는 것이 아니다. 판매자가 더 성공할 수 있도록 돕는 것이다. 그러면 판매자는 싼 가격에 주고도 득을 볼 것이다.

성공적으로 협상하려면 구매자는 사려는 제품에 대해 폭넓게 조사해야 한다. 제품에 대해 판매자보다 더 잘 알던지, 아니면 적어도 판매자만큼은 알아야 한다. 제품의 장점과 단점, 생산에 드는 비용, 사후 관리 면에서 유사 제품과의 비교 분석 자료, 사용 기간별 중고 시세, 그밖에 다른 많은 요소들을 꿰뚫고 있어야 한다.

인터넷에 공개된 정보 덕에 제품에 대한 지식을 얻기가 과거보다 훨씬 쉬워졌으나 이것도 시간이 걸리기 때문에 기꺼이 시간을 투자하지 않는 사람이 대부분이다. 그래서 협상할 준비가 되어 있지 않다.

상호이익을 추구하는 윈-윈(Win-Win) 협상에서 다음으로 중요한 요소는 판매자와 관계를 세우는 것이다. 정말 꼭 필요한 요소이다. 우리는 판매자에게 우리가 그의 개인적 삶과 재정적 성공에 진심으로 관심이 있음을 확신시켜야 한다. 사업하는 사람은 개인과 가정의 삶에서 많은 스트레스를 받게 마련이다. 그리고 시급한 문제들을 어떻게 해결해야 할지 몰라 난감할 때가 많다. 우리가 그들에게 결혼, 가정, 건강, 재정 문제들

솔로몬은 두로의 히람 왕과의 협상에서 윈-윈 협상의 정석을 보여주었다. 첫째, 자기 아버지와 히람 왕과의 친분을 확신시켰다. 둘째, 히람 왕이 위대하신 하나님을 위해 대성전을 짓는 일에 아주 기쁘게 참여하도록 이끌었다. 셋째, 히람 왕의 벌목공들을 높이 칭찬하고 그들에게 수공 일을 맡도록 제안했다. 마지막으로 히람 왕에게 목재 값을 묻는 대신 얼마를 주겠다고 먼저 제안했다.

한 남자가 치약 회사 중역과 만났다. "추가 비용이나 광고 없이 매출액을 33% 늘릴 아이디어가 제게 있습니다." 당연히 관심이 집중되었다. 그는 말을 계속했다. "첫해에 늘어난 이익의 10%만 제게 주시면 됩니다." 그들이 동의하자 그가 설명했다. "사람들은 대개 치약을 짜서 칫솔 길이에 따라 나란히 길게 묻힙니다. 치약 튜브의 입구를 30% 넓히면 그만큼 치약을 더 팔 겁니다." 그는 많은 돈을 벌었다.

협상의 바탕은 욕심이 아니라 사랑이다.

을 해결하도록 방향을 제시하거나 도움을 주면 그들은 이 부분에서 득을 보게 된다.

판매자가 우리에게 낮은 가격에 팔아 더 많이 벌도록 돕는 것이 협상자의 목표라면 어떻게 할지 실제적인 아이디어가 있어야 한다. 아주 많은 양을 사는 방법이 있고 약간 흠이 난 상품이나 반품을 떠맡는 방법이나, 간접비를 줄이도록 도와주는 방법이 있을 수 있다.

한 남자가 파산 직전에 놓인 도자기 공장을 방문했다. 생산과정에서 3분의 1이 파손되는 것을 발견하고 사장에게 생산라인을 재정비해서 효율을 높이고 파손을 극소화하는 방법을 보여주었다. 사장은 정말 고마워서 그를 컨설턴트로 채용하고 그에게 봉급을 주었다. 덕분에 그는 열다섯 자녀와 더 많은 시간을 함께 보내며 자신의 사역을 할 수 있게 되었다.

지혜로운 협상자는 판매자의 성공에 관심을 가질 뿐 아니라 판매자가 그 상품으로 할 일들을 기쁘게 만들어 준다.

사전 조사를 다 마치고 나서 판매자와 협상할 때 최선의 방법은 먼저 그 상품을 구입할 예산이 얼마인지를 알려주고 단가를 얼마까지 맞춰 줄 수 있는지를 묻는 것이다.

협상 중에는 절대로 우리가 최종 권위자가 되어서는 안 된다. 언제나 상대의 제안을 우리의 '권위자'에게 가져가야 한다. 그 권위자가 아내일 수도 있다.

행동에 옮기기!

"중요한 물품을 사기 전에 철저히 조사하고 판매자가 자기 삶과 사업에서 성공할 수 있도록 돕겠다는 목표로 판매자를 찾아가겠습니다. 판매자가 제시한 최선의 제안을 제가 바로 결정하지 않고 제 권위자에게 먼저 가져가겠습니다."

☐ 예, 이렇게 하기로 작정합니다.

시간과 돈으로 근검절약을 실천한다

"게으른 사람은 자기가 사냥해서 잡은 것도 굽지 아니하거니와 부지런한 사람의 재산은 귀중하니라."(잠언 12:27)

근검절약은 우리의 모든 시간과 돈을 최대한 활용하는 것이다. 그리고 영원한 가치가 없는 불필요한 것에 시간이나 돈을 쓰지 않는 것이다. 많은 사람이 어마어마한 시간과 돈이 드는 취미를 갖고 있다. 경기를 관전하느라 긴 시간을 소비하는 열성적인 스포츠팬이 있는가 하면, 전혀 쓸모없고 중독성 강한 비디오게임에 빠진 사람도 있다.

오락을 즐길 수 있으나 그것은 굳이 돈을 들이지 않고도 얼마든지 할 수 있다. 바울은 이렇게 말했다. "육체의 훈련은 유익이 적으나 하나님의 성품은 모든 일에 유익하며 현재의 생명과 다가올 생명의 약속을 지니고 있느니라."(디모데전서 4:8)

우리는 영원한 관점으로 살며 목표를 정하고 잠시라도 한눈을 팔아서는 안 된다. 그러므로 "모든 무거운 것과 너무 쉽게 우리를 얽어매는 죄를 우리가 떨쳐 버리고 인내로 우리 앞에 놓인 경주를 달리며 우리의 믿음의 창시자요 또 완성자이신 예수님을 바라보자."(히브리서 12:1-2)

근검절약의 첫 단계는 우리의 삶에 대한 하나님의 목표들을 적는 것이다. 장기 목표와 단기 목표로 나눈다. 우리는 이것을 바탕으로 일일 '작업 목록'을 작성해야 한다. 기록된 목록이 없으면 결정을 내릴 근거가 없게 되고 이런 상태에서 우리가 근검절약하려고 하면 사람들은 우리를 인색한 구두쇠로 볼 것이다.

5,000명을 먹인 일은 근검절약의 대표적 사례이다. 예수님은 얼마 안 되는 몇 개의 빵과 물고기를 가져다가 축복하셨다. 하나님께 복을 받은 것은 무엇이든 초자연적 잠재력을 갖게 된다. 예수님은 사람들을 50명씩, 100명씩 모아서 효율을 극대화하셨다. 마지막으로 먹고 남은 조각을 모아 셈하여 그 소중함을 보여주셨다.

"어제 해가 뜨고 지는 사이에 다이아몬드와 황금 같은 시간을 두 시간이나 잃어버렸네. 영원히 가버렸으니 아무런 유익이 없네."

– 호레이스 만

우리가 우리의 삶이 어디로 가고 있는지를 알 때 사람들은 우리가 그 목표에 도달하기 위해 내려야만 하는 결정들을 이해하고 존중하게 된다.

매일 할 일들이 있으면 먼저 중요도에 따라 순서를 매기고 중대한 일부터 시작해야 한다. 우리는 먼저 해치우겠다는 생각에 덜 중요한 일부터 시작하는 경향이 있다. 그렇게 하면 중대한 일에 집중할 시간이 더 있으리라 생각한다. 그러나 이것은 지체(遲滯)의 한 형태로 결국 하루 종일을 바쁘게 보내고도 실패감에 젖게 될 때가 많다.

지체는 반드시 물리쳐야 할 강력한 거인이다. 지체는 지금 당장 해야 할 일을 '좀 더 편리한 시간'으로 미루는 것이다.

성경은 "밖에 있는 자들을 향해서는 시간을 되찾으며 지혜롭게 걸으라."(골로새서 4:5) 라고 말한다. 시간을 되찾는다는 것은 쿠폰을 내고 그 대신 더 값진 물건을 받는다는 것과 같다. 똑같은 쿠폰으로 만원짜리 물건이나 십만원짜리 물건을 바꿀 수 있다면 어느 쪽을 택하겠는가? 중요하지 않은 과제와 중대한 과제 사이에서 선택해야 할 때도 같은 이치이다.

지체하게 되는 주원인은 두 가지다. 게으름과 두려움이다. 게으름과 두려움을 이기는 실제적인 방법들이 있다. 그러나 가장 중요한 것은 "너는 하나님께서 이끄시는 대로 지금 당장 순종하겠느냐?"라고 스스로에게 묻는 것이다.

행동에 옮기기!

"저는 하나님께서 제게 맡기신 시간과 돈을 소중히 여기고 가장 지혜롭게 써서 주님께 훌륭한 회계보고를 올리겠습니다."

☐ 예, 이렇게 하기로 작정합니다.

근검절약이 우리의 목표는 아니다. 그것은 단지 더 성공적인 결말을 위한 수단일 뿐이다.

잡동사니를 현금으로 바꾼다

"이 세상의 염려와 재물의 속임수와 다른 것들에 대한 정욕이 들어와 말씀을 숨 막히게 하여 열매 맺지 못하게 되는 자들이니라."(마가복음 4:19)

잡동사니를 청소하는 첫째 단계는 잡동사니가 무엇인지 정의하는 것이다. 잡동사니는 창고에 처박혀 있는 우아한 가구, 몸에 맞지 않는 값비싼 옷, 한 번도 차지 않을 보석일 수 있다. 값이 나가지만 우리 일상에서 더는 제구실을 하지 않는 것들이다. 우리는 하나님의 청지기로서 이런 것들에 대해 여전히 책임이 있기 때문에 우리에게는 이런 것들이 '잡동사니'인 셈이다.

둘째 단계는 우리가 가진 물건이 무엇이고 각각의 가치가 얼마인지 샅샅이 재고 조사를 하는 것이다. 그림이나 미술품, 악기, 골동품 등 제법 값나가는 물건이 잡동사니에 섞여 손상되고 있을 때가 자주 있다. 지금이야말로 이것들을 꺼내서 깨끗이 닦아 현금으로 바꿔야 할 시간이다.

잡동사니를 현금화하는 데는 두 가지 어려움이 있다. 첫째는 잡동사니를 감정적으로 놓아주는 것이고 둘째는 제일 높은 값을 찾아주는 것이다. 어떤 물건은 너무 정이 들어서 또는 나중에 쓸 데가 있지 않을까라는 생각에 처분하고 싶지 않을 때가 많다. 이런 이유는 집안의 잡동사니 문제를 지속시킬 뿐이다.

이러한 요소들이 사실일 수 있으나 우리는 바울의 증언을 기억해야 한다. "…… 모든 것의 손실을 입고 그것들을 단지 배설물로 여김은 내가 그리스도를 얻고……발견되려 함이라."(빌

하나님은 우리가 '천막 정신'을 갖길 바라신다. 생필품만 갖고 자유롭게 움직이며 여행할 수 있어야 한다는 뜻이다. 하나님은 아브라함을 집에서 불러내 천막에서 살게 하셨다. 이집트에 있을 때 그의 후손은 집에서 살았으나 노예였다. 하나님은 그들을 불러내 천막에서 살게 하셨다. 그들이 가나안에 들어갔을 때 하나님은 그들이 집에서 살다가 하나님을 잊을까 봐 해마다 이레 동안 천막에서 사는 초막절을 정하셨다.

한 남자가 전당포에 들어갔는데 금 로켓(locket)이 눈에 들어왔다. 주인은 뚜껑이 열리지 않는다며 25달러에 팔겠다고 했다. 신사는 그것을 샀다. 열어보니 이런 문구가 새겨져 있었다. "사랑하는 조세핀에게" 바로 나폴레옹이 아내에게 준 선물이었던 것이다. 값을 매길 수 없는 진품이었다. 그러므로 팔려는 물건의 진가를 먼저 확인하라.

삶의 마지막 순간에 우리에게는 잡동사니가 없을 것이다. 모두 먼지가 될 테니까.

립보서 3:8) 또 복음을 싫어하는 사람들은 초기 그리스도인들을 공격하고 소유를 빼앗거나 파괴했다. 그런 그들에게 그리스도인들은 어떻게 반응했는가? "너희에게 하늘에 더 낫고 영구한 실체가 있는 줄 너희 자신이 알므로 …… 너희 재산을 노략당하는 것도 기쁘게 여겼느니라."(히브리서 10:34)

셋째 단계는 알맞은 구매자를 찾는 것이다. 수많은 사람들이 인터넷을 통해 폭넓게 구매자들과 접촉하고 있다. 옥션, 이베이, 아마존닷컴, 중고나라 등 온라인 직매점을 통해 거래되는 돈이 어마어마하다. 벼룩시장을 이용할 수도 있고 직접 앞마당에 내다 팔 수도 있다.

가장 중요한 부분은 우리가 팔려고 하는 물건에 제일 높은 값을 쳐줄 사람을 찾는 것이다. 우리가 이를 위해 단계별로 효과적인 기도를 하면 하나님은 이런 것들을 우리에게 알려주실 수 있다. 하나님께 알맞은 구매자를 구하라, 하나님께서 응답하실 것이다. 그리고 구매자를 찾으라, 찾게 될 것이다. 마지막으로 문을 두드리라, 그러면 문이 열릴 것이다.(마태복음 7:7-8 참조)

뭐니 뭐니 해도 우리는 삶의 마지막 순간 모든 잡동사니로부터 자유롭게 될 것이다. 뭐든 다 남겨놓고 가야 하기 때문이다. 우리가 남긴 것들 때문에 우리의 자녀들이 자기들의 잡동사니에 하나라도 더 추가하려고 다투다가 서로 미워하고 갈라서는 경우가 허다하다.

행동에 옮기기!

"저는 쓰지 않고 있는 모든 것들에 대해 재고 조사를 하겠습니다. 값을 매길 수 있는 것은 팔 방법을 찾고 나머지는 다른 사람에게 그냥 주거나 없애겠습니다. 그렇게 집과 삶의 잡동사니를 정리하고 잡동사니가 없도록 집을 깨끗이 유지하겠습니다."

☐ 예, 이렇게 하기로 작정합니다.

더는 빚지지 않는다

"서로 사랑하는 것 외에는 누구에게든지 어떤 것도 빚지지 말라. 다른 사람을 사랑하는 자는 율법을 성취하였느니라."(로마서 13:8)

빚은 하나님의 명령을 따르지 않은 데 대한 하나님의 심판이다. 하나님은 이스라엘 나라에 이것을 아주 분명히 하셨다. 하나님은 그들이 하나님의 명령에 순종하면 "주께서 너를 위하여 자신의 좋은 보고 즉 하늘을 여사 …… 네가 많은 민족들에게 꾸어 주며 꾸지 아니하리라."라고 약속하셨다.(신명기 28:12)

그러나 하나님은 말씀하셨다. 나라가 하나님의 길을 저버리면 "네 안에 거하는 타국인은 너보다 훨씬 높게 되고 너는 매우 낮게 되며 그는 네게 꾸어 줄지라도 너는 그에게 꾸어 주지 못하리니 그는 머리가 되고 너는 꼬리가 되리라."(신명기 28:43-44)

빚지는 것이 지혜롭지 않은 모든 이유뿐 아니라 우리가 돈을 빌리려는 동기를 분석해야 한다.
- 내 야망을 위한 대출인가, 아니면 하나님의 일을 위한 것인가?
- 하나님께서 이것을 공급하길 원하시는가?
- 대출이 어떻게 하나님께 영광을 돌리겠는가?
- 하나님의 때인가, 아니면 나의 때인가?
- 하나님께서 내 필요를 해결하시는 데 방해가 되는 것이 내 삶에 있는가?

셰익스피어는 이렇게 성경의 지혜를 확인했다. "꾸지도 꾸어 주지도 말라. 빚은 돈과 친구를 다 잃게 한다. 돈을 빌리기 시작하면 절약은 물 건너간다."

빌리는 자는 빌려 주는 자의 종이 된다.

돈을 빌리는 것이 잘못인 이유 아홉 가지

2004년에 이 책을 출간했는데 결과는 거의 쇠귀에 경 읽기였다. 당시에 사람들은 집이나 땅처럼 값이 오를 것이라고 추정한 것들을 대출로 사서 큰돈을 벌고 있었다. 그들은 돈을 빌려 자산을 늘리는 것은 '훌륭한 사업 감각'이라며 자기들의 이성에 따라 주장했다.

오늘날, 그들 가운데 상당수가 시장이 붕괴되는 바람에 엄청난 손해를 보고 고통스러워하고 있다. 대부분 수억을 날리고 집도 잃었다. 그러므로 돈을 빌려 빚진 자가 되는 이 중요한 문제를 새롭게 살펴보자.

1. 빚지는 것은 충실한 청지기의 자격조건을 어기는 것이다.

신자는 모두 하나님께서 맡기신 자원들을 관리하는 청지기다. 시간, 돈, 소유 모두가 이에 해당된다. 이런 자원을 어떻게 쓸지에 대해 상당한 지혜와 주의가 요구된다. 때가 되면 그것들을 어떻게 투자했는지 하나님께 회계보고 해야 하기 때문이다.

예수님은 달란트 비유에서 이 원리를 밝히셨다. 이 비유에서 주목할 것은 충실한 청지기는 자기가 맡은 값의 배를 돌려드렸다는 점이다. 이것이 바로 주님이 바라시는 것이다. 두 달란트를 받은 종은 네 달란트를 돌려드렸다. 주인은 말했다. "잘하였도다. 선하고 신실한 종아"(마태복음 25:21)

셋째 종은 한 달란트를 받았는데 이자도 없이 그대로 돌려드렸다. 주인은 그를 매섭게 꾸짖었다. "악하고 게으른 종아, 너는 내가 뿌리지 않은 데서 거두고 흩뿌리지 않은 데서 모으는 줄로 알았으니 그러므로 네가 내 돈을 돈 바꾸는 자에게 맡겨서 내가 올 때에 이자와 함께 내 것을 받게 했어야 함이 마땅하도다. 그런즉 그에게서 그 일 달란트를 빼앗아 십 달란트 가진 자에게 주라."(마태복음 25:26-28)

돈을 빌리는 사람은 이자를 받기는커녕 이자를 내야 한다. 주님께 갑절을 돌려드리기는커녕 대개 이자로 은행에 갑절을 지불하게 된다.

예수님께서 받은 것보다 더 많이 돌려드리지 못한 셋째 종을 악하다고 했다면, 받은 것보다 덜 돌려드리는 빚진 자를 뭐라고 하시겠는가!

2. 빚지는 것은 자유인이 되라는 명령을 어기는 것이다.

바울 시대에 새롭게 신자가 된 사람 가운데는 노예가 많았다. 자기나 가족이 진 빚 때문이었다. 바울은 그들에게 이렇게 권면했다. "네가 종으로 있을 때에 부르심을 받았느냐? 그것을 염려하지 말라. 그러나 네가 자유롭게 될 수 있거든 오히려 그것을 사용하라."(고린도전서 7:21) 그리고 이유를 밝혔다. "주께서 값을 치르고 너희를 사셨으니 너희는 사람들의 종이 되지 말라."(고린도전서 7:23)

성경은 단언한다. "빌리는 자는 빌려 주는 자의 종이 되느니라"(잠언 22:7) 그러므로 원하는 것을 갖고자 고의로 빚을 진다면 이 성경말씀을 어기는 것이다. 야고보는 밝혔다. "선을 행할 줄 알고도 행하지 아니하는 자에게는 곧 그 사람에게는 그것이 죄가 되느니라."(야고보서 4:17)

3. 빚지는 것은 하나님의 명예를 떨어뜨리는 것이다.

그리스도인이라면 대개 빌립보서 4장 19절을 쉽게 읊을 수 있다. "오직 내 하나님께서 그리스도 예수님을 통해 영광 가운데서 자신의 부요하심에 따라 너희의 모든 필요를 공급하시리라." 예수님도 자녀들의 기본 필요를 공급하시겠다고 약속하셨다. "그러므로 염려하여 이르기를, 우리가 무엇을 먹을까? 우리가 무엇을 마실까? 우리가 무엇을 입을까? 하지 말라. …… 오직 너희는 첫째로 하나님의 왕국과 그분의 의를 구하라. 그리하면 이 모든 것을 너희에게 더하시리라."(마태복음 6:31-33)

이웃집에 큰 부자가 있는데 그의 자녀들이 우리에게 찾아와서 먹을 것과 돈을 달라고 부탁한다면 그 아버지에 대해 어떤 생각이 들겠는가? 당연히 그 아버지에게 심각한 문제가 있다고 느끼고 그가 자녀들을 제대로 돌보지 않는다고 결론을 내릴 것이다.

우리는 우리에게 매일 필요한 먹을 것과 입을 것에 대해서 하늘 아버지를 바라보아야 한다. 특별한 필요가 생길 때 우리는 이렇게 하라는 지시를 받았다. "구하라. 그러면 너희에게 주실 것이요, 찾으라. 그러면 너희가 찾을 것이요, 두드리라. 그러면 너희에게 열릴 것이라"(마태복음 7:7)

그리스도인이 빚을 질 때 세상은 우리 하나님의 성품에 대해 그다지 감명을 느끼지 않는다. 그러나 신자들이 자기 것을 후히 베풀어서 사람들의 필요를 채울 때 사람들은 하나님을 찬미하게 된다. "의로운 자가 잘되면 도시가 기뻐하고 …… 도시는 곧 바른 자의 축복으로 인하여 높여지나 사악한 자의 입으로 인하여 무너지느니라."(잠언 11:10-11)

4. 빚지는 것은 하나님의 심판을 자초하는 것이다.

　신명기 28장에서 처음 열네 절은 하나님을 사랑하고 그분의 명령에 순종하는 사람들에게 하나님이 내리시는 모든 복을 나열하고 있다. 그 안에는 돈을 빌려주고 빌리는 것에 대한 내용이 담겨 있다. "주께서 너를 위하여 자신의 좋은 보고 즉 하늘을 여사 네 땅에 제 때에 비를 내리시고 네 손의 모든 일에 복을 주시리니 네가 많은 민족들에게 꾸어 주며 꾸지 아니하리라."(신명기 28:12)

　그 다음 마흔네 절은 하나님을 저버리고 그분의 명령을 어기는 사람들에게 하나님이 내리실 저주들을 서술하고 있다. 그 중 하나가 빚질 필요가 생기는 것이다. "네 안에 거하는 타국인은 너보다 훨씬 높게 되고 너는 매우 낮게 되며 그는 네게 꾸어 줄지라도 너는 그에게 꾸어 주지 못하리니 그는 머리가 되고 너는 꼬리가 되리라."(신명기 28:43-44) 신자가 자진해서 빚을 지는 것은 하나님의 명령을 거부하여 결국 저주를 받는 사람들의 부류 속에 스스로 들어가는 것이다.

5. 빚지는 것은 씨 뿌리는 자가 되는 길을 가로막는 것이다.

　예수님은 다른 사람들에게 특히 신자들에게 후히 베풀라고 우리에게 명령하셨다. 우리는 모든 사람에게 특히 믿는 사람들에게 선을 행하고(갈라디아서 6:10) 성도들의 필요에 따라 나누어 주어야 한다.(로마서 12:13) 우리는 또한 "네게 구하는 자에게 주고 네게 빌리고자 하는 자에게 등을 돌리지 말라."(마태복음 5:42)는 명령을 받았다. 대출을 받으면 아무 보상도 기대할 수 없다.(신명기 15:7-10, 23:20, 누가복음 6:35, 고린도후서 9:6-7 참조)

　빚을 지고 있다면 도덕적으로는 다른 사람에게 돈을 주거나 빌려줄 권리가 없다. 우리의 빚을 갚을 능력이 저하되기 때문이다. 빚을 다 갚기 전까지는 빚을 준 사람에게 우리 돈에 대한 우선권이 있다. 우리는 그의 종이며 종은 독립적 결정을 내리지 못한다.

6. 빚지는 것은 추측을 근거로 한다.

　야고보는 미래를 추측하지 말라고 경고한다. 대출을 받는 사람은 미래에는 형편이 나아져서 빚을 갚을 수 있을 것으로 추측한다. 이런 추측은 모두 악한 것이다. "자, 이제 너희가 말하기를, 오늘이나 내일 우리가 어떤 도시에 가서 한 해 동안 거기 머물며 사고팔고 하여 이득을 얻으리라, 하거니와 내일 있을 일을 너희가 알지 못하는도다. 너희 생명이 무엇이냐? 그것은 곧 잠시 나타났다가 그 뒤에 사라져 버리는 수증기니라. 그런 까닭에 너희가 마땅히 말하기를, 주께서 원하시면 우리가 살며 이것이나 저것을 하리라, 하여야 하나 이제 너희가 스스로 자랑하는 것을 기뻐하니 그러한 기쁨은 다

악한 것이니라. 그러므로 선을 행할 줄 알고도 행하지 아니하는 자에게는 곧 그 사람에게는 그것이 죄가 되느니라."(야고보서 4:13-17)

7. 빚지는 것은 하나님께서 자금을 공급하시는 길을 차단하는 것이다.

우리가 고린도후서 8장과 9장에 서술된 것처럼 씨 뿌리는 자가 되는 하나님의 원리를 따른다면 필요한 자금을 받는 것은 문제될 것이 없다. 씨 뿌리는 자는 두 가지 예금계정을 가진 사람이다. 하나는 개인적 필요를 위한 계정으로 가능한 한 적게 쓰고, 하나는 다른 사람에게 줄 돈을 두는 계정이다.

씨 뿌리는 자는 수확의 법칙을 피부로 느낀다. 더 많이 뿌릴수록 더 많이 거둔다. 그러므로 하나님은 씨 뿌리는 자의 개인적 필요를 채울 뿐 아니라 그가 사람들에게 더 많이 줄 수 있도록 그 종자돈을 곱절로 늘려주신다. "하나님께서 능히 모든 은혜를 너희에게 넘치게 하시나니 이것은 너희가 항상 모든 일에서 모든 것이 넉넉하여 모든 선한 일을 풍성히 하게 하려 하심이라."(고린도후서 9:8)

씨 뿌리는 자는 빚을 질 필요가 없다. 하나님께서 사람들이 그에게 돈을 주도록 인도하시기 때문이다. "주라. 그리하면 너희에게 줄 것이니 곧 후히 되어 누르고 함께 흔들고 넘치게 하여 사람들이 너희 품에 안겨 주리라. 너희가 잴 때 쓰는 그 척도로 너희가 다시 평가를 받으리라. 하시니라."(누가복음 6:38) 바울이 시편 112편 9절을 인용하여 이 가르침을 확인한 점이 중요하다. "그가 널리 재물을 흩어 가난한 자들에게 주었으니 그의 의가 영원히 지속되리로다."(고린도후서 9:9)

주는 방법은 다양하다. 우리는 시간, 사랑의 격려, 영적 훈련 등을 줄 수 있다. 또 하나님께서 우리의 필요를 채우시도록 구할 수 있다. 하나님은 약속하신다. "구하라. 그러면 너희에게 주실 것이요, …… 구하는 자마다 받을 것이요,……"(마태복음 7:7-8)

8. 빚지는 것은 자신을 부인하라는 명령을 어기는 것이다.

예수님께서 제자들을 부르시고 말씀하셨다. "어떤 사람이 나를 따라오려거든 자기를 부인하고 날마다 자기 십자가를 지고 나를 따를지니라."(누가복음 9:23) 절대적으로 필요하지 않은 것이면 그것 없이 지내는 것, 특히 하나님께서 공급하시지 않은 것이면 그것 없이 지내는 것도 일종의 자기를 부인하는 일이다. 바울은 말했다. "내가 비천하게 되는 것도 알고 풍부하게 되는 것도 알아 어디에서나 모든 일에서 배부르거나 배고프거나 풍부하거나 궁핍당하는 것을 배웠노라."(빌립보서 4:12) 작은 필요에 매번 빚을 지는 사람은 이 원리를 배우지 못한다.

구입하는 순간부터 값이 떨어지는 물건을 사기 위해 자진해서 빚을 지는 것은 자기를 부인하지 않겠다고 명백하게 선언하는 것이다. 예를 들어, 생활을 좀 더 편리하게 해 주는 서비스나 가전제품들, 우리의 즐거움이나 오락을 위해 설계된 물건들은 사실 우리에게 꼭 필요한 것이 아니다. 바울은 자기 자원을 사람들에게 더 많이 나눠주고 그리스도를 더 많이 배우기 위해서 최대한 검소하게 살았다. "참으로 확실히 모든 것을 손실로 여김은 그리스도 예수 내 주를 아는 지식이 매우 뛰어나기 때문이라. 내가 그분을 위하여 모든 것의 손실을 입고 그것들을 단지 배설물로 여김은 내가 그리스도를 얻고자 함이라."(빌립보서 3:8)

9. 빚지는 것은 신자 간의 유대를 깨뜨리는 것이다.

하나님은 모든 신자에게 자급자족하는 능력을 주시지 않았다. 그리스도의 몸인 지역 교회는 넉넉한 자가 궁핍한 자에게 자기 것을 나눠주도록 설계되었다. 그렇게 해서 모든 구성원이 사랑으로 하나가 된다. 대출을 받으려고 은행으로 달려가는 것은 하나님께서 다른 신자에게 우리를 도우라고 말씀하시는 행동을 차단하는 것이다. 그러면 우리는 하나님께서 우리의 기도에 응답하시는 기쁨을 놓치고 다른 사람들이 자기 것을 줄 때 누리는 기쁨과 보상을 막아버리게 된다.

바울은 다음 구절에서 이 원리를 밝혔다. "우리 주 예수 그리스도의 은혜를 너희가 알거니와 그분께서 부요하셨으나 너희를 위하여 가난하게 되심은 자신의 가난으로 말미암아 너희를 부요하게 하려 하심이라. ……이번에는 너희의 넘치는 것으로 그들의 부족함을 공급하고 또한 그들의 넘치는 것으로 너희의 부족함을 공급하여 균등하게 하려는 것이라."(고린도후서 8:9, 14)

행동에 옮기기!

"저는 빚지는 것과 보증을 서는 것에 대한 성경의 경고를 심각하게 받아들입니다. 그러므로 이제 이런 것들을 하지 않기로 작정합니다."

☐ 예, 이렇게 하기로 굳게 약속합니다.

9

돈을 사랑하려는 모든 성향을 거부한다

"돈을 사랑함이 모든 악의 뿌리이니"(디모데전서 6:10)

신자들에게 "돈을 사랑합니까?"라고 물으면 어떻게 답하겠는가? 대부분 "아니오."라고 답할 것이다. 다들 주님을 사랑한다고 덧붙일 것이다. 그러면 돈을 사랑하는 자란 무엇을 뜻하는가?

1. 하나님 나라를 부유하게 하려는 소망보다 내가 부유하게 되려는 욕망이 있으면 우리는 돈을 사랑하는 것이다.
2. 돈을 여러 해 동안 뿌린 씨의 수확이 아닌 미래에 대한 안전장치로 여기면 우리는 돈을 사랑하는 것이다.
3. 은퇴를 목표로 일하고 있으면 우리는 돈을 사랑하는 것이다. 하나님의 은퇴 프로그램은 천국이다. 우리는 마지막 날까지 하나님 나라를 위해 땀을 흘려야 한다.
4. 가족의 우선순위들보다 일이 먼저일 때 우리는 돈을 사랑하는 것이다.
5. 돈을 더 벌려고 관계를 손상시킨다면 우리는 돈을 사랑하는 것이다.
6. 우리가 살 수 없는 것들을 가진 사람들이 부럽거나 부자가 부러우면 우리는 돈을 사랑하는 것이다.
7. 하나님의 말씀을 읽는 것보다 일일 주식 시세를 보는 시간이 더 많으면 우리는 돈을 사랑하는 것이다.

하나님은 안락한 은퇴 생활을 위해 일했던 부자를 어리석은 자라고 하셨다. "그러면 네가 예비한 그것들이 누구의 것이 되겠느냐?"(누가복음 12:20)

은퇴한 사람의 평균 여명(餘命)이 일 년 반이라는 것을 기억하라.

주택담보로 빚을 지고 이런 저택을 산 주인들은 결국 집을 잃고 말았다. 미래를 추측했다가 예기치 않은 뜻밖의 문제에 부딪힌 것이다.

8. 주님에 대해 이야기하는 것보다 돈 문제에 대해 말을 더 많이 하면 우리는 돈을 사랑하는 것이다.
9. 하나님과 하나님의 말씀을 생각하는 것보다 내 재정 문제를 더 많이 생각하면 우리는 돈을 사랑하는 것이다.
10. 재정에 대한 생각으로 밤에 잠을 못 이루면 우리는 돈을 사랑하는 것이다.
11. 내가 돈을 벌 수 있도록 도와주는 사람들을 속이면 우리는 돈을 사랑하는 것이다.

"자, 이제, 너희 부자들아, 너희에게 임할 너희의 비참한 일들로 인하여 슬피 울며 울부짖으라. 너희의 재물은 썩었고 너희의 옷은 좀먹었으며 너희의 금과 은은 부식되었으니 그것들의 녹이 너희를 대적하는 증인이 되고 불과 같이 너희 살을 먹으리라. 너희가 마지막 날들을 위해 재물을 함께 모아 쌓았도다."(야고보서 5:1-3)

많은 남자들이 주식시장을 기준으로 생활한다. 시세를 확인하고 즐거워하거나 걱정하는 것이 그들의 일상이다. 주님을 밤낮으로 즐거워하는 것과 얼마나 다른 모습인가!

12. 다른 사람의 재정이 무너진 것을 즐거워하고 남의 손실로 이득을 챙기면 우리는 돈을 사랑하는 것이다.
13. 영원한 보물이 풍부하지 않고 세상 물질이 풍부하면 우리는 돈을 사랑하는 것이다.
14. 믿음의 사람들보다 부자들이 존경스러우면 우리는 돈을 사랑하는 것이다.

행동에 옮기기!

"저는 주님 중심이 아닌 돈 중심의 삶을 추구할 위험이 늘 저에게 있음을 압니다. 그러므로 저는 돈을 사랑하려는 모든 성향을 거부하기로 작정합니다."

❏ 예, 이렇게 하겠습니다.

누구도 하나님과 돈을 함께 섬길 수 없다.

10

아내의 말에 귀를 기울인다

"주 하나님께서 이르시되, 남자가 홀로 있는 것이 좋지 못하니 내가 그를 위하여 합당한 조력자를 만들리라, 하시니라."(창세기 2:18)

이 부분의 중요성을 이해하기 위해서는 하나님께서 아내를 무슨 목적으로 어떻게 설계하셨는지를 알아야 한다.

하나님은 한 남자와 한 여자를 결혼으로 '한 몸'이 되게 하셨다. 이것은 육체적 연합이다. 그러나 하나님은 두 사람을 "생명의 은혜를 함께 상속받을 자"(베드로전서 3:7)가 되게 하셨다. 생육하여 자녀를 갖고 싶은 갈망과 가질 능력을 지닌 것이다.

완전한 결혼은 영과 혼과 몸의 연합이다. 이 순서로 남편과 아내는 서로 그리고 주님과 친밀해진다. 하나님께서 남편에게는 말씀하시지 않고 아내에게 보여주시는 것이 있다. 빌라도의 아내와 마리아의 경우가 그랬다. 하나님께서 이렇게 하시는 것은 남편들에게 자신들이 성공하는 데 자기 아내가 얼마나 중요한 존재인지를 알게 하시기 위해서이다.

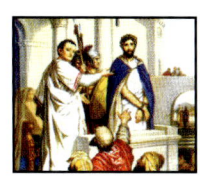

하나님은 그리스도가 무죄함을 빌라도의 아내에게 보여주셨다. 빌라도의 아내가 말했다. "당신은 그 의로운 사람과 아무 상관도 하지 마소서. 이 날 꿈에 내가 그 사람으로 인해 많은 일로 시달렸나이다. 하더라." (마태복음 27:19)

행동에 옮기기!

"저는 제 아내의 삶에 대해 하나님께서 계획하신 목적을 존중하며 아내를 사랑하기 위해 모든 재정 문제에 대해 아내의 말에 귀를 기울이고 한마음이 되도록 노력하겠습니다."

☐ 예, 이렇게 하겠습니다.

질의응답

"이들은 …… 온전히 준비된 마음으로
말씀을 받아들이고 그것들이 그러한가 하여 날마다
성경 기록들을 탐구하므로"(사도행전 17:11)

질문 —
부유하다는 것은 무슨 뜻인가?

부유하다는 말을 들을 때 돈이 많아서 아주 호화로운 삶을 사는 사람을 생각하는 경향이 있으나 본래는 전혀 그런 뜻이 아니다. 부유하다는 것은 자신의 기본 필요만을 채우고 궁핍한 사람들에게 하나님의 돈을 베푸는 기쁨을 누리기에 충분한 돈이 있다는 뜻이다. 예수님께서 부자에게 말씀하셨듯이 이렇게 하여 하늘에 보물을 쌓는 것이다. "네가 완전하게 되려거든 가서 네 소유를 팔아 가난한 사람들에게 주라. 그리하면 하늘에서 네게 보화가 있으리라. 그리고 와서 나를 따르라."(마태복음 19:21)

바울은 부자들에게 영원한 재물로 부유해야 한다고 경고한다. "이 세상에서 부유한 자들에게 명하여 그들이 마음을 높이지 말고 확실치 않은 재물을 신뢰하지도 말며 오직 살아 계신 하나님 곧 우리에게 모든 것을 풍성히 주사 누리게 하시는 분을 신뢰하게 하고 또 선을 행하게 하며 선한 일들에 부요하고 베풀기를 좋아하며 기꺼이 나누어 주게 하라. 또 다가올 때를 대비하여 자기를 위해 좋은 기초를 쌓게 할지니 이것은 그들이 영원한 생명을 붙들게 하려 함이라."(디모데전서 6:17-19)

질문 —
부유하다는 것은 부족한 것이 없을 것이라는 뜻인가?

하나님은 우리가 하나님 말씀을 밤낮으로 묵상하면 무엇을 하든지 형통하고 크게 성공할 것이라고 보증하신다.(시편 1편, 여호수아 1:8 참조) 그러나 우리가 부지런히 사람들을 제자로 훈련하고 또 그들을 제자양성자로 키우다 보면 희생을 감수하더라도 그 사람들의 삶에 자진해서 투자하고 싶어질 것이다. 이것이 바로 바울의 경우이었다. 그는 자기가 섬기는 사람들에게 기댈 필요가 없도록 밤낮으로 땀 흘려 천막을 만들었다.

제자들을 위해 자기 삶을 내주고 감옥에 갇히는 과정에서 바울은 고백했다. "내가 주를 크게 기뻐한 것은 너희가 나를 돌보려 하는 것이 이제 마침내 다시 활기를 띠었기 때문이니 너희가 또한 그것을 위하여 마음은 간절하였으나 기회가 없었느니라. 내가 궁핍하므로 말하지 아니하노라. 내가 어떤 처지에 있든지 그대로 만족하는 것을 내가 배웠노니 내가 비천하게 되는 것도 알고 풍부하게 되는 것도 알아 어디에서나 모든 일에서 배부르거나 배고프거나 풍부하거나 궁핍당하는 것을 배웠노라."(빌립보서 4:10-12)

예수님도 자진해서 돈이 부족한 삶을 사셨다. "우리 주 예수 그리스도의 은혜를 너희가 알거니와 그분께서 부요하셨으나 너희를 위하여 가난하게 되심은 자신의 가난으로 말미암아 너희를 부요하게 하려 하심이라."(고린도후서 8:9)

질문 —
집을 사기 위해 돈을 빌리는 것은 괜찮지 않은가?

집을 사는 사람 대부분은 대출해서 집을 사는 것을 마치 월세만 내고 살다가 끝에 가서는 그 집이 자기집까지 되는 괜찮은 월세쯤으로 생각한다. 이런 사람들은 대개 이자를 빼고 집값을 계산한다. 이자를 넣어 계산해 보면 깜짝 놀랄 것이다. 그리고 이런 사람들은 하나님이 그들의 집을 통해 하나님의 공급하시는 능력을 보여주실 가능성을 보지 않는다. 그랬다면 빚을 질 필요가 없었을 것이다.

집 문제를 하나님께 맡기고 하나님의 능력을 확인할 창의적인 길을 찾은 사람들이 있다. 일례로, 같은 교회를 다니는 두 가족이 있었다. 둘 다 두세 자녀를 두고 직장에서 비슷한 봉급을 받았다. 둘 다 집이 필요했다. 첫째 가족이 가서 집을 찾아보니 알맞은 집이 있었다. 값은 125,000달러였다. 수중에 그만한 현금이 없어서 있는 돈을 보증금으로 넣고 나머지는 30년 장기 주택 저당 대출을 받았다.

둘째 가족은 빚지는 일을 피하고 싶어서 현금으로 집을 사기로 정했다. 그러나 이만한 가격의 집을 살 돈이 없었다. 그래서 월세 집에서 살면서 집 마련을 위해 저축을 했다. 검소함과 창의력으로 1년에 10,000달러를 저축할 수 있었다. 5년 후에 50,000달러를 갖게 되었다.

하루는 놀라운 일이 벌어졌다. 멀리서 이 가족이 빚 없이 살기로 결단했다는 이야기를 들은 친척이 자기가 갖고 있던 여윳돈 35,000달러를 집 마련에 보태라고 선물로 보내온 것이다. 덧붙이자면 사람들은 하나님의 길을 따르기로 작정한 사람들을 돕는 것을 아주 흐뭇해한다.

주택자금이 85,000달러가 되자 그 가족은 나가서 알아보아야겠다고 생각했다. 이때 '꿈에 그리던 집'을 찾았다. 마침 매물로 나와 있었다. 주인을 만나 이야기해 보니 값이 125,000달러였다. 가족은 주인에게 돈을 빌리지 않기로 한 자신들의 신념을 밝혔다. "이 집이 정말 마음에 듭니다. 4년 후면 저희가 돈을 다 모을 수 있을 테니까 그때 이 집이 다시 매물로 나오면 좋겠습니다."

며칠 후에 그 집을 내 놓은 주인에게서 전화를 받았다. "우리는 빚 없이 살겠다는 당신들의 헌신에 감동을 받고 우리 집을 85,000달러에 당신에게 팔기로 결정했습니다." 부부는 기뻐서 어쩔 줄 몰랐고 이 집은 하나님이 공급하신다는 증거가 되었다.

둘의 차이점에 주목하라. 첫째 부부는 아직도 25년 더 갚아야할 주택 담보 대출금이 있고, 둘째 부부는 대출 없이 현금으로 완불한 집을 갖게 되었다.

이 사례의 요점은 우리가 삶에서 하나님의 최선을 위해 헌신할 때 하나님은 우리가 지금은 상상할 수 없는 방법으로 그것을 성취할 길을 마련하신다는 것이다. 물론 사람들의 상황마다 하나님이 역사하시는 방법이 다를 것이다. 그러나 그 일을 행하시는 분은 하나님이시다. 왜냐하면 "네게 재물 얻을 능력을 주시는 분이 곧 그분이시기"(신명기 8:18) 때문이다.

질문 —
하나님은 왜 신자들이 궁핍을 겪게 하시는가?

부유한 그리스도인이 된다는 것은 필요가 있을 때마다 늘 충분한 자금이 있다는 뜻이 아니다. 하나님은 한 사람이 재정의 필요가 생기면 다른 사람이 그 필요를 채우도록 우리를 그리스도의 몸으로 설계하셨다. 예루살렘 신자들이 바로 이 경우였다. 이들이 재정적으로 심각한 어려움을 겪게 되자 하나님은 바울에게 지시하여 이방 신자들이 돈을 모아 예루살렘에 보내게 하셨다.

이방인들이 유대인들에게 재정적 도움을 주는 일에 참여한 덕분에 이 둘 사이에 있던 강한 사회적 장벽이 허물어졌다. 주는 것에도 은혜가 있고 받는 것에도 은혜가 있다. 우리가 줄 때는 받는 상대방에게 마음의 일부를 전달하는 것이다. "너희 보물이 있는 곳에, 거기에 너희 마음도 있으리라."(마태복음 6:21)

우리가 받을 때는 겸손해지고 준 사람들에게 고마워하고 그들의 후함을 통해 은혜를 베푸신 하나님께 감사드리게 된다.

바울은 헌금을 모으면서 지금은 이방인 신자들이 유대인 신자들의 필요를 채우지만 나중에 이방인 신자들에게 재정이 필요할 때 하나님께서 유대인 신자들을 통해 그들의 필요를 채우실 것임을 기억하라고 했다. "다만 균등의 원리를 따르려는 것이니 곧 이제 이번에는 너희의 넘치는 것으로 그들의 부족함을 공급하고 또한 그들의 넘치는 것으로 너희의 부족함을 공급하여 균등하게 하려는 것이라."(고린도후서 8:14)

하나님은 약속하신다. "후하게 주는 혼은 기름지게 되며 물을 대는 자는 자기도 물을 받으리라."(잠언 11:25) 우리가 후하게 베푸는 것에 대한 가장 큰 상은 우리 자신과 가족과 재정에 하나님이 복을 주시는 것이다.

> "주의 복, 그것은 사람을 부하게 하나니
> 그분께서는 그것에 슬픔을 더하지
> 아니하시느니라."(잠언 10:22)